Fieras interiores

ANDRÉS
COTA HIRIART

Fieras interiores

RANDOM HOUSE

Papel certificado por el Forest Stewardship Council®

Primera edición: septiembre de 2025

Printed in Spain — Impreso en España

ISBN: 978-84-397-4553-2
Depósito legal: B-12.005-2025

Impreso en Liberdúplex
Sant Llorenç d'Hortons (Barcelona)

RH45532

Para todas las personas que han sido habitadas por un huésped invertebrado, y para todas aquellas que también lo serán tarde o temprano (probablemente la mayoría)

A la memoria de Tita, mi abuela feroz

Animalejos
insidiosos o inocuos,
pero, ante todo, diminutos,
o, por lo menos, discretos. De varias patas
o ninguna, redondos o alargados, con
o sin ojos, con o sin dientes, asexuados
o calientes, procreativos. Sobre todo
invisibles o bien ocultos, invertebrados
(por suerte), invertebrados. Desde siempre
nos habitan, huéspedes y nosotros, anfitriones,
no podríamos vivir solos, mantenernos.
Somos ellos: son nosotros. No hay dualismo
ni monismo. Todo parasitario,
todos parásitos [...]

Elisa Díaz Castelo,
Esto otro que también me habita
(y no es el alma o no necesariamente)

Entonces hacíamos lo que mejor nos salía, porque fue lo que mejor nos enseñaron a hacer: negar.
—No tiene nada —dijo mi papá—, si no la molestan, va a estar bien.
Como si habláramos de un perro díscolo.

Margarita García Robayo,
«Rapto de locura»

MI GUSANO Y YO

7 Las AL3 y las adultas inmaduras realizan una migración anormal en el hospedero humano.

muestra de AL3

Las larvas AL3 se vuelven gusanos adultos en el hospedero definitivo; forman tumores en la pared gástrica.

¡OINK!

6 hospederos paraténicos

5 El segundo hospedero intermediario es ingerido por el hospedero definitivo.

1 Los huevos no embrionados se expulsan en las heces.

El huevo se embriona en el agua.

4 Las EL3 maduran en larvas L3 en etapa avanzada (AL3) en los tejidos del segundo hospedero intermediario.

3 El primer hospedero intermediario ingiere la larva L1.

2 El huevo eclosiona y libera a la larva L1.

La larva muda dos veces de piel para convertirse en L3 en etapa temprana (EL3).

¡tóxico!

El primer día de la temporada que pasé junto a mi inquilino corporal, o al menos el instante en que su presencia comenzó a llamar mi atención, sentí un picor punzante sobre el tórax. Levanté la playera para encontrarme con una roncha dura y rosada a medio camino entre mis costillas y el ombligo. Dado que nos encontrábamos en plena temporada de lluvias supuse que debía tratarse del piquete de algún insecto. Quizá de chinche o de pulga, porque de mosco definitivamente no tenía apariencia y, pese al hormigueo incómodo que me causaba, procuré olvidarme del asunto.

Sin embargo, al día siguiente, la roncha amaneció más inflamada. Tenía el tamaño de una luneta y me picaba bastante. Era como tener un tercer pezón. Pero tampoco parecía haber motivo para alarmarse demasiado. Una reacción exagerada de mi dermis, nada más eso; un brote de alergia. ¿Podría ser que el piquete fuera de una araña o de un gusano azotador? Ingerí mi antihistamínico de confianza y me esforcé por mejor pensar en otra cosa. No obsesionarme, como a veces tiendo a hacer. Salir de casa, usar ropa holgada, lavarme con jabón neutro y aplicar ungüento, con eso tendría que bastar. Claro que en ese momento ignoraba la verdadera naturaleza del huésped que comenzaba a gestarse en mi interior y la ingrata sorpresa que me aguardaba hacia el final de la semana.

Para el cuarto día la roncha ya no encajaba propiamente con este sustantivo. Más bien parecía como una especie de implante subcutáneo: una galleta dura embebida en mi pellejo. El área que la circundaba estaba hinchada y enrojecida, además de que se percibía caliente. Aunque la verdad no tenía muy buena pinta, seguí aferrándome a la posibilidad de que no fuera nada importante. Tomé otro par de antihistamínicos, acompañados por un analgésico y un corticoide, e imploré que el mal, cualquiera que fuese su origen, se autolimitara.

No obstante, el quinto amanecer trajo consigo un cambio drástico. Del borde superior de la galleta comenzó a germinar un surco rojizo. Tenía más o menos el mismo grueso que un lápiz y se extendía por el costado de mi cuerpo hacia la espalda. Me producía un escozor salvaje. No necesitaba contar con amplia experiencia en lesiones cutáneas para deducir que, después de todo, no se trataba de un inocuo piquete. Resolví que había llegado el momento de tomarme el asunto en serio y mostrarle la lesión a mi madre.

Como soy hijo único y, encima, hijo de médicos científicos, es frecuente que se me tache de hipocondríaco. No diría necesariamente que sea frágil de salud, sino simplemente que presto más atención de la debida a las indisposiciones somáticas. Llámenme achacoso o farmacodependiente, pero lo cierto es que los síntomas se perciben únicamente de manera subjetiva y nada puedo hacer si mi organismo demanda un paracetamol al primer indicio de pulso en las sienes. Vamos que, con 25 años a cuestas, ya había tenido oportunidad de aprender que algunas personas somos menos tolerantes que el resto a las fluctuaciones homeostáticas y que eso puede llevarnos a sobredimensionar los síntomas.

El semblante de mi madre —usualmente inmutable— se ensombreció. Palpó con precaución el área inflamada. Tomó mis signos vitales y consultó sus textos sagrados. Conforme sus ojos alternaban entre el *Vademécum* y un pesado volumen de fundamentos dermatológicos, concluyó que necesitábamos la opinión de un especialista a la brevedad. Todo parecía indicar que en esta ocasión sí había exagerado, pero por haberme hecho el desentendido, pues el cuadro peligraba con poder terminar en la sala de urgencias. De esa manera, fue como finalmente llegué al consultorio de la doctora Hoyo en el hospital de Médica Sur.

La eminente dermatóloga era de estatura baja, cuerpo macizo y llevaba el cabello negro corto. Sus rasgos, notoriamente asiáticos, quedaban enmarcados en una cara redonda y afable. Emanaba serenidad. Me recibió con una ligera inclinación de cabeza y sin mucho más preámbulo que escanear velozmente mi historial, indicó que me desvistiera de la cintura para arriba.

La doctora observó el surco rojizo que labraba mi piel, que llegaba ya hasta la mitad de mi espalda, contorsionándose como una lombriz, y casi al instante se dibujó una ligera sonrisa en sus labios. Justo entonces me preguntó, para mi desconcierto, si me gustaba el sushi. Contesté que sí, de forma casi automática, sin estar del todo seguro de dónde provenía su curiosidad. Quizá fuera su manera de relajar un poco la tensión mientras sopesaba mi caso. O pudiera ser que la buena doctora quisiera recomendarme un restaurante en particular, quizás el establecimiento de algún familiar; su fisonomía revelaba su ascendencia, así que cabía la posibilidad.

—¿También le gusta comer ceviche? —su pregunta interrumpió mi flujo de pensamiento. Asentí tan enfáticamente como lo hubiese hecho cualquier otro sinaloense (o medio sinaloense como yo) adicto al aguachile.

—¿Qué tan seguido diría usted que consume pescado crudo?

Balbuceé que cada que el bolsillo me lo permitía. La doctora respondió meneando afirmativamente la cabeza, al tiempo que entrecerraba sus ojos ya de por sí rasgados (lo que por un momento los hizo desparecer).

—Aunque técnicamente el ceviche está cocido en limón, ¿no? —pregunté enunciando una verdad universal para los habitantes de las costas latinoamericanas.

La sonrisa de la doctora mutó para dar lugar a una mueca entre condescendiente y lastimosa.

—Joven, lo que usted tiene ahí es un clásico cuadro de gnatostomiasis —hizo una pausa breve antes de sentenciar—: El gusano del sushi.

Dicen que el diagnóstico suele traer consigo una dosis de alivio, pues reduce la incertidumbre. Pero no fue el caso. Y es que recibir la noticia de que un gusano lleva varios días deambulando alegremente por el interior de tu cuerpo, a cualquiera lo deja helado. Te sientes ultrajado, por decir lo menos. Profanado en tu fuero más íntimo. De pronto la laceración, que asemejaba un latigazo sobre mi espalda, cobró una nueva dimensión. Se trataba ni más ni menos que del túnel cavado por el errante al compás de su desplazamiento por mis tejidos. Digamos que no por nada otro de los nombres que recibe este parásito es el cuasi poético *Larva migrans profundus*.

Una vez que recuperé el aliento, y comencé a digerir el hecho de que yo ya no era cabalmente un individuo, sino dos —o más bien: uno y una morada—, la doctora me informó que, de acuerdo con el tiempo transcurrido desde el inicio de los síntomas, en combinación con el grosor del surco, mi inquilino corporal debía medir alrededor de cuatro milímetros de largo, por lo que aún se encontraba en su tercera fase larvaria (conocida en el argot parasitológico como L3). Estadio de vida que, según me enteré a continuación, se distingue por engendrar un verme cilíndrico y de bordes redondos, cuyo extremo anterior se encuentra rematado por un bulbo cefálico del que sobresalen labios voluminosos y tres o cuatro hileras transversales de ganchos (que el tripulante de las entrañas utiliza para excavar y afianzarse en los tegumentos ajenos).

A esta estampa poco agraciada de la criatura, la doctora agregó que había corrido con suerte, porque mi huésped anatómico había migrado desde mi tracto digestivo hacia la pared corporal, ocasionando así el cuadro denominado como gnatostomiasis cutánea, que al parecer era la más amable de sus posibles expresiones. Todo lo cual a mí me sonaba a como cuando te asaltan y la gente te reconforta diciéndote lo afortunado que eres de que no te hayan lastimado más de la cuenta. Aunque pronto descubrí a qué se refería la especialista. Ya que puede suceder que, tras la ingestión, la larva sea arrastrada por el torrente sanguíneo hacia el pulmón, ojo o cerebro, implicando repercusiones considerablemente más graves y desencadenando en consecuencia gnatostomiasis ocular, visceral, pulmonar, genitourinaria o la más que temible neurológica (cuya complicación puede devenir en parálisis transitoria de las extremidades, meningitis, hemorragia subaracnoidea, hidrocefalia, encefalitis y eventualmente coma y muerte). De solo imaginar lo que sería tener un gusano semejante vagando dentro del ojo, entendí que, en efecto, «había corrido con suerte».

—¿Y los adultos? —me escuché preguntando con voz pastosa. Digo, si el ser divagante que se alojaba en mis profundidades era la fase lavaria L3, cabía suponer que la bestezuela en algún momento alcanzaría la mayoría de edad.

—Por lo general no hay razón para afligirse —me tranquilizó la doctora—, ya que salvo por alguna excepción infrecuente, estos parásitos no suelen llegar a la etapa adulta cuando infectan a las personas.

Asumo que mi rostro delató ciertas reservas, porque ella continuó:

—Mire, joven, lo que sucede es que como no somos sus hospederos definitivos no pueden reproducirse dentro de nosotros. De hecho, al acabar dentro de un ser humano, el parásito queda condenado, ya que le es imposible seguir adelante con su ciclo de vida. Lo que la larva querría en realidad es alojarse dentro de algún gato o perro, ahí sí puede realizar la metamorfosis, transformase en un gusano de unos cuatro o cinco centímetros de largo y posteriormente procrear.

Genial —pensé—, como tener un dedo meñique, blanquecino y mucilaginoso reptando dentro del lomo. Vaya criatura más aberrante con la que, si todo salía mal, me tocaría convivir de la manera más estrechamente imaginable. Siendo franco, a mí aquello de *excepción infrecuente* no me decía mucho. Puede ser que la probabilidad fuera mínima, pero no olvidemos que hay gente que se saca la lotería. O sea, si ya formaba parte de la fracción humana transgredida por el polizonte, qué me aseguraba que más adelante no acabaría por ensanchar también las estadísticas de aquellos que llegan a conocer al feroz gusano adulto de cerca. O, mejor dicho: de muy cerca.

Durante la hora que se extendió la consulta, aprendí que el llamado gusano del sushi o *Gnathostoma sp.* pertenece a un género que comprende unas veinte especies distintas, cada una de estas relacionada con una zona geográfica en particular y ligada a un grupo específico de mamíferos como sus hospederos definitivos;[1] cuatro de estas especies han sido asociadas con parasitosis humanas (*G. spinigerum* se destaca como la de mayor relevancia médica y a mi parecer *G. doloresi* como la que tiene un nombre científico más fiel a su esencia). La gnatostomiasis, como se denomina la infección en humanos, es endémica de distintas naciones orientales, con Japón, Tailandia y Vietnam registrando la incidencia más alta, y no fue sino hasta hace un par de décadas que comenzaron a presentarse focos rojos también en México —donde se considera como una enfermedad emergente relevante, sobre todo en los estados costeños—, al igual que en Perú y Ecuador; es decir, naciones en las que el pescado crudo constituye parte habitual de la dieta. Y no, el limón no le hace ni cosquillas al invasor, por lo que el ceviche no está exento de figurar como vehículo potencial de contagio.

Por otra parte, no pude más que sentirme un poco especial —así fuese por un motivo tan poco edificante como el de cargar un gusano literalmente a cuestas— cuando me enteré de que se habían registrado apenas unas decenas de miles de casos de gnatostomiasis a nivel mundial desde que la patología fuese descrita en Tailandia en 1889 (aunque es probable que, como tiende a ser la norma tratándose de otras enfermedades tropicales, exista un franco subregistro en las cuentas oficiales).[2]

Pero lo que mayor asombro me causó fue descubrir su descabellado ciclo de vida. Una odisea que involucra ir invadiendo a una serie de animales diferentes de manera consecutiva y con la pequeña dificultad de nunca poder salir al exterior. Por lo que el audaz *Gnathostoma* no tiene más remedio que procurar ser transmitido, embebido en los tejidos de los organismos que va habitando, a través de la cadena alimenticia.

Aclaremos: cada una de las múltiples fases larvarias implicadas en su desarrollo solo puede acontecer dentro de un grupo zoológico determinado y esto incluye tanto a organismos acuáticos como terrestres, así que el improbable viajero no solo se las tiene que arreglar para infectar a tres clases distintas de fauna, sino que, de manera paralela, debe asegurar el salto del medio dulceacuícola al de tierra firme, y todo lo anterior, encima, sin ser detectado por las fuerzas inmunológicas de los recintos corporales que va usurpando. Y uno que se queja de tener que mudarse de casa un par de veces a lo largo de la vida.

La secuencia comienza con la eclosión del huevo dentro del agua para liberar una primera fase larvaria (L1) —único momento en el que habitan fuera de otro organismo—. La diminuta larva batalla contra la corriente hasta que, con algo de suerte, es consumida por un pequeño crustáceo copépodo. En el interior de este primer hospedero intermediario el parásito se transformará en su segunda fase larvaria (L2) —y, a veces, posteriormente en una versión temprana de nuestra ya conocida fase L3—. Si dicho copépodo después es devorado por un pez o anfibio, segundo hospedero intermediario, el nematodo seguirá su desarrollo (ya sea que atraviese por su segunda metamorfosis o que alcance el estado de larva L3 avanzada, según sea el caso). Cuando el pez o anfibio infectado es consumido por el hospedero definitivo, un mamífero terrestre (felinos y caninos en el caso de *G. spinigerum* y *G. binucleatum*, o puercos y jabalíes en el de *G. doloresi* y *G. hispidum*), el quiste florecerá liberando al gusano L3 —ese mismo que yo tenía en mis adentros mientras escuchaba la demandante saga— que, a su vez, migrará dentro del organismo en turno y se transformará en la forma adulta. Dichos gusanos maduros forman entonces tumores en el esófago o estómago del hospedero definitivo, dentro de los que se reproducen y generan los huevos que, al ser liberados justo con las excretas de su anfitrión, pondrán el ciclo de nuevo en marcha.[3]

Ahora bien, el *Gnathostoma* cuenta con cierta flexibilidad para su segundo brinco de contenedores anatómicos, un abanico de posibles hospederos intermediarios que no figuran necesariamente dentro de su ciclo de vida ideal, pero que, de cualquier manera, pueden terminar por servir a sus fines; eso sí, alargando un tanto el periplo e incrementando las probabilidades de fallo durante la travesía. Tales animales son conocidos como «hospederos paraténicos». Supongamos que al pez o anfibio, dentro del cual el parásito realizó su segunda transformación, se lo come una serpiente o un ave, en lugar del organismo al que ansiaba llegar para reproducirse. No pasa nada, un desvío si acaso, una prueba de paciencia invertebrada que puede estirarse tantos pasos como sea necesario entre hospederos paraténicos e intermediarios, siempre y cuando al final de la cadena de depredación el gusano acabe dentro de un felino, un canino o cualquier identidad que tenga el hospedero definitivo para la especie en cuestión.

Llegados a este punto, debo confesar que empezaba a respetar, si no es que llanamente admirar, a mi inquilino corporal. Solo considerar los vuelcos evolutivos que habían sido requeridos para que se estableciera semejante pauta de vida, con eso me era suficiente para comenzar a darle su lugar. ¿Quién era yo para juzgar sus acciones? ¿Con qué derecho lo tildaba de portento nefasto cuando su frágil existencia pendía de una serie de eventos tan improbables? Simpatía que si acaso se magnificó al escuchar a la doctora volver a hacer hincapié en eso de que las personas no figuramos dentro de sus planes. Todo lo contrario, representamos un callejón trunco en el laberinto de su existencia. Un meandro de vísceras que pone fin a sus sueños migrantes. Poniéndolo de otra manera: el gusano del sushi desea tanto estar dentro de uno como nosotros deseamos que no lo esté.

Ahora que, rumiando el asunto un poco mejor, y sacando ventaja de los años que han transcurrido desde ese momento, me parece que tal interpretación se queda un tanto corta. Quiero decir que la noción de que los humanos equivalemos a meros *hospederos accidentales* no se sostiene bajo un enfoque biológico. Nos traiciona el haber olvidado que somos animales y, como tales, parte intrínseca del bioma. Naturaleza por dentro y por fuera.

Aunque en estos tiempos de auge tecnológico desproporcionado y amnesia evolutiva generalizada represente un hecho que tendemos a pasar por alto, la verdad es que a lo largo de buena parte de nuestra historia como especie los *Homo sapiens* hemos figurado dentro del menú de una larga lista de felinos y caninos salvajes. Sencillamente una presa más escondida en el paisaje. Por lo que, a fin de cuentas, desde la perspectiva del *Gnathostoma*, quizá no seamos más que otro de tantos posibles hospederos intermediarios y/o paraténicos a su disposición. Una opción tentadora para completar su periplo de transiciones anatómicas.

No obstante, estas reflexiones pertenecen a un marco temporal posterior al instante retratado, mismas a las que ya tendremos oportunidad de volver más adelante, así que, por ahora, entretengamos la versión sesgada de la medicina moderna y retomemos el curso de la historia. Las personas podemos contraer el parásito —me decía la doctora— cuando consumimos carne cruda o cocinada de manera insuficiente de pescados o anfibios infectados, o bien, si ingerimos los quistes embebidos en los tejidos de algún otro hospedero accidental, como las aves de corral, así como por la ingestión de agua contaminada con copépodos en zonas lacustres.

De cualquier manera, el mayor índice de contagio se debe a distintos platillos tradicionales de la cocina japonesa —sushi, sashimi, maki, sunomono— que cuentan con pescados de agua dulce entre sus ingredientes; de ahí el nombre coloquial *gusano del sushi.* Sin embargo, en México, Perú y otras regiones de Latinoamérica, como probablemente ya sea claro, los ceviches y cocteles también fungen como vectores importantes.

Aunque afortunadamente para los amantes de la gastronomía nipona, así como de las mariscadas sinaloenses, la mayoría de los pescados ofrecidos en la carta son de origen marino y por consiguiente no representan riesgo de transmisión. O como mínimo así solía ser hasta que el mercado fue invadido por una serie de pescados dulceacuícolas semiindustrializados, de propagación masiva y bajo coste —como la tilapia, mojarra, basa oriental, etcétera— que paulatinamente han ido reclamando la hegemonía del menú.

Simultáneamente, el problema se incrementa porque muchas veces nos dan *gato por liebre* y el chef suple el filete de róbalo, pargo, dorado u otros cortes difíciles de detectar a simple vista y sin el paladar entrenado por cualquier especie de pescado blanco que tenga a la mano y que pueda dar la pinta. O es posible que el cocinero no haya tenido nada que ver y que la sustitución de la materia prima ocurriera desde los primeros escalones de la línea de distribución; al menos en México, tal fraude de reemplazo piscívoro constituye una práctica habitual, con algunas especies como el marlín siendo sustituidas hasta en el 95% de los casos.[4]

Por supuesto que esta artimaña no debería tener lugar en los restaurantes japoneses de renombre, pero tanto en las barras de los supermercados como en las cadenas de comida rápida y puestos callejeros el control de calidad deja bastante que desear.

Maldito sea ese rollo que me comí del Walmart —fue lo primero que pensé cuando la doctora me decía esto.

Entonces estaba confirmado: un gusano utilizaba mis intersticios como su línea de metro particular. Yo, que siempre había sido un personaje más bien solitario —como es costumbre de los hijos únicos—, ahora alojaba en el torso lo más cercano que había conocido a un hermano. Una presencia con la que me veía forzado a compartir mis alimentos y mi espacio, un nuevo habitante del hogar más irreductible con el que contamos los seres humanos: el cuerpo propio.

Aunque, pensándolo un poco, quizá más que un hermano, mi acompañante se asemejaba más a uno de esos gemelos malformados que llegan a encontrarse enquistados bajo la piel o dentro del vientre a la manera de tumores benignos. Un *fetus in feto*: «condición de gemelo parasítico que ocurre cuando un embrión queda encerrado dentro del cuerpo de su gemelo durante la gestación». Recuerdo haber encontrado una definición por el estilo al pie de las imágenes que había descubierto ojeando libros en el estudio de mi madre cuando era niño y que retrataban pequeños revoltijos amorfos de apéndices, dientes y pelos que habían sido extirpados de los pacientes.[5] Desde luego que a partir de aquel instante de revelación infantil, me mortificaba la posibilidad de que alguno de mis numerosos lunares encapsulara a uno de tales dobles vestigiales. Y ahora, por culpa de un sushi infecto, tenía una buena idea de lo que eso se sentía.

Me preparé para lo segundo peor a que mi huésped gemelar le diera por instalarse en sus aposentos hasta alcanzar la senectud parasítica, pues mi bagaje como hijo de fisiólogos me indicaba que el tratamiento para librarme de él involucraría una guerra farmacológica que se extendería por varias semanas de alcohol restringido y biota intestinal demacrada.

Estaba debatiéndome entre qué sería más difícil de soportar, si los ardores gástricos producto de perturbar mi microbioma con sendas ráfagas de napalm antiparasitario o el desasosiego debido a no poder probar gota de alcohol (la mala sobria, vaya) por miedo al efecto *antabus* —consecuencias desagradables que se generan al mezclar incluso cantidades pequeñas de alcohol con estos fármacos, que pueden incluir cefalea, náuseas, vómitos, dolor en el pecho, debilidad, visión borrosa, confusión, transpiración, asfixia, dificultad para respirar y ansiedad—,[6] cuando se me ocurrió que tal vez estaba pecando de ingenuidad, ya que nada descartaba que el desalojo tuviera que ocurrir por vía quirúrgica. Como en uno de esos videos titulados «Extracción quirúrgica de *Ascaris lumbricoides*» u «Obstrucción intestinal por parásitos» que había visto durante otra de tantas noches de hurgar en YouTube.[7]

Me quedaba claro que mi cuadro era mucho menos grave que aquellos enmarcados en la pantalla, a fin de cuentas mi predio visceral había sido infringido por un solo individuo y no por toda una comunidad de lombrices; pero qué diantres sabía yo. Tampoco es que tuviese mucha experiencia en esto de ser obligado a compartir mis tuétanos con otro animal. ¿Qué pasaría si al verme se le antojaba tomar el giro equivocado y taladrar algún órgano? ¿Quién me aseguraba que esa punzada ácida que sentía en ese preciso momento sobre el dorso no significaba, de hecho, que lo estuviese haciendo ya?

Llámenme exagerado, pero desde luego que consideraba factible el no salir airoso del consultorio y que me tuviesen que ingresar de inmediato en el hospital... ¿De qué lado queda el hígado? —estuve a punto de soltarle a la doctora segundos antes de que me sacara de mis temores asegurándome que, cuando menos en su experiencia, la clase de gnatostomiasis que me aquejaba no requería de cirugía.

—Otra cosa sería si el parásito hubiese penetrado, por ejemplo, en el globo ocular o en el cerebro —agregó—, ahí sí que estaríamos ante un escenario más delicado.

Dejé escapar un suspiro de alivio. Seguido por otro, al escuchar a la buena doctora aseverar que, ya que la larva generalmente no se aloja en nuestro tracto digestivo, no tiene acceso a los nutrientes esenciales para subsistir por largo tiempo.

Cerca la bala —pensé—, pero la doctora prosiguió aclarándome que eso podría demorar aún varias semanas, incluso meses, durante los que me seguiría causando molestias.

Esta vez mi suspiro fue de angustia. Contemplé el reflejo de mi espalda en el espejo del consultorio e imaginé cómo se vería al final de este periodo. Me figuré que no sería una estampa muy distinta a la del dorso de Solomon Northup, el protagonista de la película *12 años de esclavitud*, tras ser fustigado. No obstante, una vez más, corrí con esa mezcla de buena y mala suerte.

El lado positivo: existía un modo de reducir la estancia del gusano y los latigazos que me propinaba desde el interior. Un tratamiento que no solo no sería tan extenso y tóxico para mi organismo, como me había figurado, sino que involucraba un fármaco relativamente común: dos dosis en días consecutivos de ivermectina 0.2 mg/kg. Un antiparasitario bastante conocido para mí —es más, lo tenía en casa— ya que era de uso habitual en medicina veterinaria y por ese entonces yo mantenía una colección más o menos nutrida de reptiles y anfibios en mi herpetario. Más adelante, el compuesto ganaría cierta notoriedad durante el primer año de la pandemia de Sars-Cov-2, al considerársele como un tratamiento prometedor para mitigar la covid (efectividad polémica que posteriormente sería desbancada por el consenso científico, pero que no impidió que por muchos meses se administran cantidades masivas de ivermectina en distintas regiones del mundo).

La mala noticia: el medicamento no aniquilaría al intruso de manera inmediata, de hecho, existía la posibilidad de que, debido a su acción, el nematodo comenzara a migrar erráticamente hacia capas más superficiales de mis tejidos y me causara incomodidades mayores que las que hubiera experimentado hasta ese momento. Sin pasar por alto el detalle nada menor de que, por alguna razón no del todo bien comprendida, el tratamiento no siempre surtía efecto: existían reportes de recaídas e, incluso, unos cuantos registros de cuadros crónicos, con el parásito alternando cíclicamente entre fases latentes y de infección aguda a lo largo de años. Bastó plantearme que a partir de ese primer roce con el visitante mi calendario anual podría adoptar una nueva estación —otoño, invierno, primavera, gusano, verano— para que me dieran ganas de vomitar.

—No, joven, tampoco hay razón para ponerse tan negativos —me reconfortó la doctora—, el hecho de que pueda llegar a suceder no significa que le vaya a ocurrir a usted. Se trata de casos insólitos, algo así como esas poquísimas personas que llegan a medir dos metros y medio de altura o a vivir más de ciento diez años. No sé si me explico.

La eminente dermatóloga no tenía por qué saberlo, pero su analogía no me tranquilizaba en lo absoluto, después de todo dentro de mi parentela sinaloense cuento con una tía que alcanzó su cumpleaños número 107, así como con un par de primos que rondan los dos metros de estatura. Sin embargo, afortunadamente acabó por tener la razón, pues al final el tratamiento probó ser fulminante. Eso sí, implicó aproximadamente una semana más en compañía de mi gusano. Siete jornadas de seguir brindándole servicios completos de hostelería y que recuerdo como los días más aciagos de la temporada que pasé como húmeda posada invertebrada, ya que durante el ocaso de su estancia mi inquilino corporal se inclinó por ser más activo durante la noche. Como si a manera de despedida quisiera dejarme el ritmo circadiano destrozado.

Ignoro si tendría algo que ver con la acción del fármaco o si era simplemente que el migrante no manejaba bien las separaciones, pero, nada más apagar la luz y acostarme a descansar, mi *otro yo* comenzaba a deslizarse con desenfreno. Su figura serpentoide reptando casi al ras de mi piel y produciéndome un ardor y picazón desquiciantes. Al grado de que por momentos me daba la impresión de poder seguir su avance en tiempo real. Habrá sido por el insomnio acumulado, pero hacia la última noche que compartimos tuve la impresión de que mi visitante estaba intentando comunicarse conmigo trazando letras en braille desde la cara interna de mi piel. Elaboraba un código táctil, un mensaje interespecies, quizás un grito de auxilio; o mejor: una advertencia de que su partida era inminente y que demasiadas interrogantes habían quedado suspendidas.

Hasta que un buen día el alojamiento amaneció vacío. El huésped se había marchado. Solo quedaban los vestigios de las laceraciones que había dejado a su paso y que hacían que mi cuerpo diera la impresión de haber sido tatuado por la mano de un infante hiperactivo. Quizá suene como un fenómeno un tanto discordante con la lógica de la sanidad y el bienestar clínico, pero su ausencia me producía un sentimiento extraño. No sé si le llamaría exactamente nostalgia, pero algo parecido. Mi inquilino anatómico del último mes se había esfumado dejando tras de sí un vacío desconcertante.

No quiero decir precisamente que lo echara en falta, la verdad es que su partida me alegraba, pero es que, paradójicamente, ya me había acostumbrado a su compañía y ahora la soledad de mis adentros parecía mayor que de costumbre.

O quizá la zozobra se debiera a no estar anclado ya en el presente, en esa inmediatez que brinda el padecimiento y, en su lugar, ser anegado por el torrente de recuerdos, pendientes y anhelos que sacuden la mente en todo momento. Es curioso, pero lo que de otro modo solo se consigue a través de años de practicar la meditación, el deporte de alto rendimiento o por medio de la ingesta de psicodélicos —ese ansiado *estar en el aquí y en el ahora*—, es posible obtenerlo sin mayores esfuerzos con la convalecencia. Nada como la enfermedad para ponerlo a uno a vivir en el momento. Al filo de los acontecimientos. Y eso también se había esfumado.

Retornaba, pues, a ser un hijo único a merced de la verborrea mental, presa de las distracciones y del espejismo de figurar como una criatura significativa en el caos de la existencia. Pero una cosa era segura al menos: mi inquilino anatómico me había trastocado y ahora no podía hacer nada más que seguir su sendero.

Otra clase de fieras interiores

Desde luego que el gusano del sushi no fue la primera vez que me crucé con los parásitos, o mejor dicho que ellos se cruzaran conmigo. Lejos de ello. Si tuviera que identificar el recuerdo más antiguo que conservo de su existencia, cómo fue mi iniciación en los hoscos y enrarecidos terrenos de la invasión corporal, antes que nada tendría que decir que se trató de la más funesta de sus posibles consecuencias. No sé exactamente cuándo escuché la historia por primera vez, supongo que yo tendría unos cinco o seis años. Lo que sí tengo claro es que la escena se impregnó en mi cerebro con esa viscosidad febril que solo poseen las pesadillas de la infancia y que, varias décadas más tarde, ahí permanece: generándome una sensación similar a las noches calenturientas, cuando tu temperatura roza los cuarenta grados centígrados y sientes como si la habitación se expandiera hacia todos lados al mismo tiempo y tu cuerpo se redujera a un tamaño cada vez más diminuto.

La escena corresponde a uno de los primeros pacientes que a mi madre le tocó atender en el hospital General Gea González de la Ciudad de México cuando cursaba el internado. Marcia, mi mamá, estudiaba medicina en la UNAM en ese entonces y los prerrequisitos de la carrera demandaban pasar una temporada como interna en el hospital (un suplicio a juzgar por lo que cuenta). Una de esas noches en las que montaba guardia en el área de cirugía, turnos espartanos que se alargaban por veinticuatro horas sin dormir, llegó un paciente en muy mal estado a la puerta de urgencias; estaba inconsciente y su vientre se veía tan inflamado que parecía encontrarse al borde de la explosión torácica. Se trataba de un campesino.

No se requirió de mucho esfuerzo para dar con el diagnóstico, ya que el cuadro se presentaba como el más exacerbado que cualquiera de los presentes hubiera visto antes: una infestación descomunal de *Ascaris lumbricoides.* Lombrices intestinales relativamente frecuentes entre los sectores más vulnerables del país —es decir, aquellas personas que viven en entornos rurales o con infraestructura de drenaje insuficiente— y cuya propagación se debe en gran medida al fecalismo al aire libre en combinación con el manejo inadecuado de desagües y sistemas de riego. Tres factores que aún en el México del siglo XXI siguen siendo verdaderamente alarmantes y que ocasionan que buena parte de la población incurra, si bien de manera involuntaria, y ciertamente inconsciente, en coprofagia cotidiana.

Probablemente aquel campesino llevaba mucho tiempo procrastinando acudir al médico porque, cuando finalmente recibió la atención profesional, presentaba anemia severa y las extremidades tan delgadas que parecían estar en los puros huesos. Su abdomen, en contraste, se mostraba profusamente distendido, deformado a consecuencia del bloqueo intestinal que producía la aglomeración de gusanos. Se tomó la decisión de intervenir a la brevedad para remover el bloqueo por vía quirúrgica (por si quedara duda de la génesis de mis posteriores búsquedas nocturnas en YouTube). Cambio de camilla, ingreso en el quirófano y administración de anestesia mediante, los cirujanos procedieron a abrir el cuerpo del paciente. Cuando lo consiguieron, se encontraron estupefactos ante un mar revuelto de lombrices: eran tantas que costaba trabajo creer que el paciente siguiera vivo.

Posteriormente mi madre, junto con el resto del equipo clínico, procedió a tener que retirar manualmente a cientos de vermes. Removieron uno por uno, extremando precauciones para no partirlos en pedazos, hasta que, al concluir la intervención, que se extendió por varias horas, el bolo de parásitos pesaba casi diez kilos (más o menos lo mismo que un bebé de un año, de acuerdo con la tabla de percentiles de crecimiento).

Por unas horas reinó la dicha del aparente triunfo médico. No obstante, conforme transcurrieron las horas en el postoperatorio, el panorama se tornó más sombrío. No solo debido a que el paciente entró en choque y ya no fue posible reanimarlo, sino en especial porque, al salir del letargo de la anestesia, las numerosas lombrices que todavía merodeaban en sus entrañas comenzaron a migrar de manera errática y a emerger por las distintas cavidades corporales del cadáver: ano, boca, nariz.

«Recuerdo que incluso una le salió por el oído», sentencia la voz ronca de mi madre en mis propios recuerdos de la narración, cerrando, de esa forma, una secuencia como de película *gore* asiática. Uno de los motivos por los que ella ahora se dedica a la investigación científica y no a la práctica clínica. O cuando menos eso era lo que yo pensaba.

Sin embargo, al momento de estar escribiendo estos párrafos le marqué a Marcia por teléfono para corroborar que mis recuerdos no se hubiesen distorsionado y me dijo que lo que realmente la había empujado a abandonar la práctica médica —cuando menos a nivel profesional, porque lo cierto es que siempre ha figurado como la doctora de cabecera de toda la familia, así como de buena parte de nuestras amistades—* fue la estructura militarizada y abiertamente machista de la disciplina, sus estrictos códigos jerárquicos y la burda inflexibilidad de los altos mandos que, en lugar de escuchar, tienden a castigar las opiniones; en sus propias palabras: «una maquinaria en suma punitiva, cuando no abusiva y profundamente desagradable».

—No me gustaba nada eso —agregó al teléfono—. Me parecía que yo no quería dedicarme a ser primero soldado raso, luego sargento y luego… No, no tenía ese carácter. Además de que, como bien sabes, nunca me ha gustado tener que levantarme antes de las siete de la mañana. Es algo inhumano. Prefiero la paz del laboratorio.

—¿Y los parásitos? —le pregunté—. ¿No tuvieron nada que ver?

—¿Cómo?

—No sé, como que te hayan impactado demasiado, o algo así.

—Ay, Andino, qué cosas se te ocurren. No tienes ni idea de las cosas que se ven a diario en un hospital como

---

* Hay que decir que Marcia constantemente demuestra una habilidad notable para llegar a diagnósticos intrincados, como podrán dar fe varias docenas de personas, por ejemplo, cuando le salvó la vida a Álvaro, su pareja, determinando que parecía tener un cuadro de apendicitis a pesar de que, al intervenirlo, descubrieron que el apéndice de Álvaro estaba hacia el lado contrario y más arriba de donde debía estar, esto a causa de una operación previa del riñón y el reacomodo subsecuente de vísceras. Un diagnóstico sorprendente y afortunado, a decir de la cirujana gastroenteróloga que los atendió en el hospital.

ese. ¿Y sabes qué, gordito?... mejor que no la tengas. Porque luego te da por darle mil vueltas a las cosas, y salir con lo de...

—¿Mi abuela? —la interrumpí a sabiendas de lo que probablemente seguía.

—Sí, todo ese rollo de tu abuela y los gatos con el que andas trabado últimamente.

—¿O sea que no te convence la teoría de que podrían estar ligados?

—Mmmm. No estoy segura, Andino. Pero ahorita no tengo tiempo, luego hablamos, ¿quieres? —me dijo antes de despedirse y colgar.

Por un momento me quedé imaginándome a mi madre tras colgar el teléfono en su laboratorio del Instituto de Fisiología Celular de la UNAM, donde se dedica a estudiar la diabetes. Me la figuré con su enorme cabellera de pelo chino echada de lado conforme se asomaba al microscopio con sus ojos verde-azul-rana e inspeccionaba los linderos de lo minúsculo. Células beta, islotes pancreáticos, glucosa, factor de crecimiento neural e insulina, eso es a muy grandes rasgos a lo que ella ha dedicado su investigación. Luego, alimentado por el giro que tomó la breve conversación, reparo en mi abuela y en esa otra clase de fieras interiores que se la devoraban por dentro. Gusanos mentales, si quisiera darse rienda suelta a la analogía. Huéspedes psicológicos que, a diferencia de las lombrices intestinales, una vez que se instalan ya jamás te abandonan. Y que, ahora que lo pienso, debí haber empezado a hacerme consciente justamente por la misma época en la que sucedió mi alumbramiento parasitario. O sea, hacia los cinco años de vida, cuando uno empieza a entender más o menos lo que sucede a su alrededor y que en el caso que nos atañe implicó notar que mi abuela era diferente al resto de la familia (y al resto de las personas).

Uno de los primeros recuerdos que tengo de Tita, mi abuela materna, la dibuja dentro de mi cabeza en camisón a altas horas de la madrugada (calculo que ella tendría unos 70 años de edad). No duerme, deambula inquieta por la habitación mientras susurra para sí misma. Entre sueños entiendo que pronuncia mi nombre y luego siento cómo me sacude ligeramente. Cuando despierto me encuentro con sus pupilas dilatadas. Respira pesadamente. Sus ojos están tan abiertos que parece que se botarán de sus órbitas. Me observa por unos instantes con esa mirada entre catatónica y vidriosa, como de salamandra, que no parece terminar de enfocar lo que tiene enfrente y que prácticamente nunca pestañea, y después toma mi mano y me incita a salir de la cama.

Me levanto y la sigo hasta la ventana. Afuera, el jardín brilla ligeramente azulado.

—Mira las hojas, mijito —me dice señalando hacia los árboles—, no se mueven.

Pego mi pequeño rostro contra el cristal para comprobarlo, pero la verdad es que el viento mece las ramas con fuerza.

—Demasiada quietud —susurra ella tensando la mandíbula y estrujando mi mano.

Volteo a mirarla y sorprendo que, además de excitación, en su rostro se adivina un dejo de angustia. Ella no se percata de que la observo, se balancea sobre sus talones con la mirada absorta sobre el jardín mientras murmura: «No se mueve ni una sola… ni una sola…».

Transcurridos unos instantes, me pregunta:

—¿Sabes lo que esto significa, niño?

Niego con la cabeza.

—Que el mundo se va a acabar...

En ese momento escucho a nuestras espaldas:

—¡Gunga! ¡Gunga! Pero ¿qué estás haciendo?

Es la voz de Nano, mi abuelo, que le reprocha a su Gunga (como él solía llamarle a mi abuela), al tiempo que se incorpora de la cama y se aproxima hacia nosotros.

—Vamos, Gunguita, deja al niño en paz... ¿Qué no ves que lo estás asustando? —le dice tomándola con suavidad por los hombros.

—Pero es que, Fernando, las hojas, no se mueven —insiste ella.

Él la contempla con aire resignado, la abraza por unos segundos y le besa la frente.

—El mundo se va a acabar —repite mi abuela con la mirada desorbitada.

Mi abuelo me hace un gesto que significa que no le haga caso y con la barbilla me señala la cama, indicándome que vuelva a dormir. Lo cual, a mis cinco años y tras aquella escena, no es una petición muy trivial que digamos.

Así eran las noches en casa de mis abuelos y también un poco así eran los días, las tardes y las comidas. A mi abuela la diagnosticaron con esquizofrenia alrededor de su cumpleaños número 52, y desde ese momento el velo de la locura se postró en la familia.

MIS TRES REVELACIONES PARASITOIDES

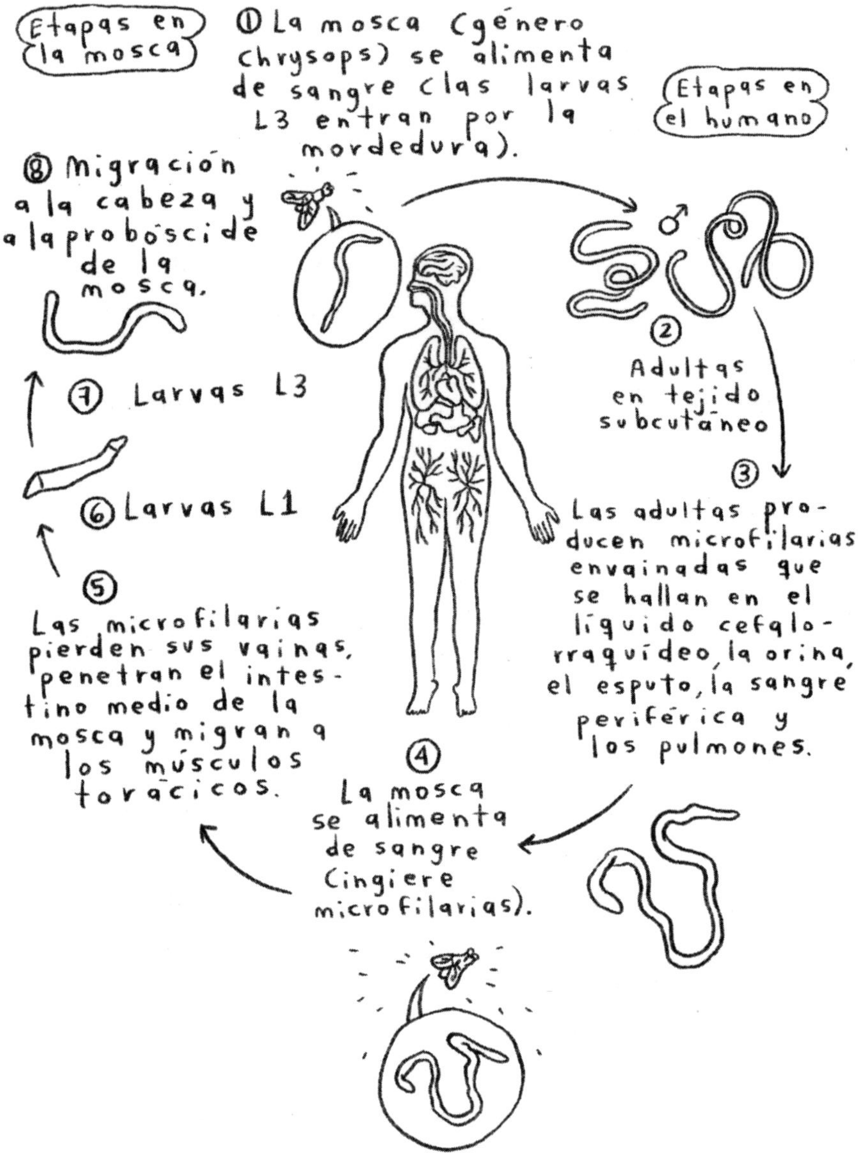

Etapas en la mosca

① La mosca (género chrysops) se alimenta de sangre (las larvas L3 entran por la mordedura).

Etapas en el humano

♂

② Adultas en tejido subcutáneo

③ Las adultas producen microfilarias envainadas que se hallan en el líquido cefalorraquídeo, la orina, el esputo, la sangre periférica y los pulmones.

④ La mosca se alimenta de sangre (ingiere microfilarias).

⑤ Las microfilarias pierden sus vainas, penetran el intestino medio de la mosca y migran a los músculos torácicos.

⑥ Larvas L1

⑦ Larvas L3

⑧ Migración a la cabeza y a la probóscide de la mosca.

Antes de relatar cómo llegué a la teoría de que podría existir una interrelación entre las fieras interiores que habitan los pensamientos con aquellas que merodean en las entrañas y por qué —aunque todavía no termine de convencer a mi madre, me parece que la ferocidad de mi abuela pudo haber tenido su génesis precisamente en la exposición temprana a cierta clase de tripulantes anatómicos— creo que es importante empezar por abrir un poco el encuadre para que así sea posible dimensionar el verdadero alcance de estos entes. Y es que el simple término *parásito* irrumpe la paz mental de manera estrepitosa: despierta ansiedad e incomoda; puede ser, incluso, que provoque cierta aversión, que se acentúa considerablemente si es que el polizonte corporal muestra predilección por utilizar los interiores del *Homo sapiens* como morada. Visiones fugaces de morfologías aberrantes, criaturas propias de pasajes dantescos. Pocas manifestaciones zoológicas más cruentas que las filarias que, obstruyendo vasos linfáticos de extremidades y testículos, generan hinchazones descomunales y los rasgos de deformidad propios de la elefantiasis. Malaria, mal de Chagas, leishmaniasis: cuadros clínicos con efectos devastadores producto de la irrupción de distintos protozoarios tropicales en el organismo.

Pero valdría preguntarse: ¿qué diantres es un parásito? ¿Un ser que se vale de otros seres para poder existir? Desde luego que esto depende completamente del contexto, de la perspectiva desde la que se interpreten los hechos. Digamos que el parásito solo es *parásito* para aquel que domina la narrativa, para el protagonista del ciclo de vida bajo inspección. Porque, a los ojos de sus semejantes, el invasor no es más que otro de la prole. Una criatura como tantas, simplemente haciendo lo posible por sobrevivir. Claro que, como solemos navegar por el mundo comandados por un franco sesgo antropocéntrico, probablemente para la mayoría de las personas el asunto no llegue mucho más lejos que el temor infundado por el riesgo de la enfermedad y, por consiguiente, no se alcance a vislumbrar la relevancia y, dicho sea de paso, valía ecológica de estos portentos. En tal instancia, estigmatizarlos se afianza como la respuesta más viable. Pero no nos equivoquemos: hay mucho más a su nombre que la simple patología. Capas de complejidad. Cuestiones dignas de interés e incluso de admiración. Revelaciones. A fin de cuentas, de ellos depende la suerte de todos los demás moradores del mundo silvestre.

Así que, antes de adoptar una postura de rechazo automático hacia su estirpe, valdría la pena elaborar una breve defensa de quién es quién en el gran esquema de las cosas.

Primera revelación: sangre

Los años que siguieron a mi alumbramiento parasitario, mi impresión se mantuvo más o menos acorde a la historia del hospital relatada por mi mamá, es decir, que eran criaturas tétricas. Si acaso, paulatinamente acumulando nuevas evidencias, gracias al conjunto de allanadores corporales que aquejan al ciudadano promedio: amibas, tenias, oxiuros, acantocéfalos y el resto del clan que acecha en los puestos de comida callejera de cualquier urbe de los trópicos tercermundistas y que conforman el imaginario popular al que solemos limitarnos. Además, claro, de aquellas pequeñas bestias invertebradas conocidas como ectoparásitos, que se alimentan de sangre y con las que todo infante que goce de un poco de vida al aire libre se topa en algún momento. Me refiero a las garrapatas, pinolillos, piojos, ácaros, pulgas y demás seres hematófagos que transgreden las vestimentas y que tornan un tanto incómodas las visitas al campo.

Me viene a la memoria un episodio en particular en el que, tras dos días de campamento en el bosque, regresé a casa infestado por garrapatas. Eran redondas y duras como tachuelas y se congregaban en torno a mis muñecas y axilas. Si bien los clavos artrópodos que se enterraban en mis articulaciones ya figuraban como una condena ciertamente dolorosa, todo empeoró cuando pretendí extraer a uno por la fuerza, solo para que este se partiera por la mitad y me dejara con el cuerpecillo entre los dedos y sus ocho patas aún enquistadas en mi carne (valdría la pena aclarar que las garrapatas son arácnidos y, como tales, cuentan con ocho extremidades puntiagudas).

Como de costumbre, resultaron necesarias la paciencia y la pericia de mi sabia madre para resolver la contingencia y remover al resto de agresores. Lo hizo con delicadeza y eficacia, utilizando unas pinzas y un cigarro encendido (en esos años noventa del siglo pasado tanto mi mamá como mi papá, y hasta el pediatra a media consulta, todavía fumaban). La técnica parecía sencilla pero no por ello menos sorprendente. Básicamente consistía en acercar el calor de la brasa a la superficie quitinosa de los invasores hasta que zafaban sus patas y así era posible retirarlos sin que se quebraran en el proceso. Recuerdo que, una vez liberadas de mi cuerpo, las garrapatas corrían sobre la mesa con desesperación y que al aplastarlas empleando un libro quedaban estampadas como zarzamoras rellenas de sangre.

Un poco más adelante, comencé a tener encuentros con otra variante de devoradores de sangre tropicales de los que aún conservo algunas cicatrices sobre la piel (específicamente alrededor de los tobillos). Al igual que en el caso de las garrapatas, tales marcas provinieron de parásitos hematófagos, pero se debieron a entes de aspecto aún más esquivo que el de los arácnidos. Me refiero, por supuesto, a las sanguijuelas o hirudíneos, lombrices del grupo de los anélidos que acechan entre el follaje forestal o en las márgenes de los ríos y cuyo apetito es francamente voraz. Tales seres vermiformes cuentan con 32 cerebros difusos a lo largo de su cuerpo, nueve pares de testículos y una mandíbula con múltiples hileras de dientes, suelen ser hermafroditas y, dependiendo de la especie, pueden llegar a medir varios centímetros de largo y portar hasta ocho ojos.

Consejos para prevenir el ataque abundan, desde llevar los pantalones metidos en los calcetines, hasta untarse la piel con tabaco o repelentes químicos. La realidad, sin embargo, es que, al igual que sucede en el caso de los mosquitos, ningún método es infalible, ni siquiera empleado todos al unísono, pues el ansia por el plasma sanguíneo de estos organismos no conoce barreras. Si te detienes por un momento en la selva y contemplas el entorno con atención, las puedes descubrir antes que ellas a ti. Las puedes ver postradas sobre las hojas, olfateando el aire en busca de una presa o desplazándose con movimientos parabólicos sobre el sustrato como si fuesen un resorte. Algunas son color marrón, otras verdosas, amarillentas u ocres. Todas poseen un cuerpo lustroso y anillado.

Las sanguijuelas dan con su merienda (en este caso tu pierna) gracias a su aguda habilidad para detectar las exhalaciones de dióxido de carbono provenientes de presas potenciales y, una vez que la ubican, son sumamente eficaces para pasar desapercibidas, pueden constreñirse lo suficiente como para penetrar por cualquier orificio y después succionar la sangre sin levantar sospechas, ya que al morder inyectan saliva cargada con sustancias anestésicas y anticoagulantes. El problema es que, si se les descubre en pleno festín, no queda más remedio que aguardar a que se sacien. El naturalista versado estará al tanto de que es mejor esperar resignadamente a que los intrusos terminen de alimentarse, lo que puede llevar poco más de una hora. Me temo que en este caso ni mi diestra madre podría contener el ataque con sus técnicas.

Sucede que las sanguijuelas están equipadas con varias hileras de dientes y una ventosa bucal sumamente potente; además, se aferran a la dermis ajena con tal ímpetu que, intentar retirarlas por la fuerza, invariablemente conllevará a que se desagarre el tejido de la víctima. Momento en el que puede suceder una de tres opciones:

1) El gusano vomita dentro de la herida, vertiendo, junto con la sangre a media digestión, patógenos que pueden figurar como vectores de enfermedades.

2) Debido al forcejeo, el cuerpo del gusano se troza en dos. La fracción correspondiente a sus estructuras bucales se queda dentro de la herida, incrementando la probabilidad de infección.

3) El anticoagulante presente en la saliva del animal ocasiona que la herida no sane hasta varios días después; lo que, en climas húmedos y calientes, como los selváticos, representa una situación nada romántica.

Así que, ni hablar: si es que se pretende salir ileso, la mejor estrategia es aguardar a que el parásito sacie su apetito. El antes pequeño ser terminará del tamaño de una berenjena. Hinchado por la sangre que ha deglutido, se dejará caer al piso inmerso en un trance y sobre la piel del afectado solo quedará una especie de chupetón como vestigio del banquete.

Supongo que cualquier persona cuya infancia se encuentre anclada en el final de los años ochenta del siglo pasado recordará haber visto aquel popular programa de televisión *Emergencias 911* y, por ende, no le parezca novedad la irrupción de las sanguijuelas en la industria de la salud como parte de los cuidados postoperatorios, donde se les emplea para incrementar el flujo sanguíneo hacia los apéndices trasplantados, evitar que se bloquee la circulación, fomentar que se conecten los vasos sanguíneos y contrarrestar la necrosis del tejido. Probablemente la especie más icónica en ese respecto sea *Hirudo medicinalis*, cuyo empleo terapéutico se remonta a hace más de tres mil años.

En Grecia se les empleaba con regularidad para realizar sangrías (en las que la sangre del paciente se extraía por medio de numerosas sanguijuelas), so pretexto de que tal acción podía curar males de toda índole, desde la hipertensión hasta las enfermedades mentales. Posteriormente la especie continuó figurando como una herramienta común en la práctica médica transcultural. Hasta el siglo XIX no era extraño encontrar especímenes vivos en los anaqueles de las farmacias europeas y actualmente se sigue recurriendo a ellas sobre todo en cirugía plástica y reconstructiva. El socorrido ejemplo de cuando se pierden los dedos por un corte y te los vuelven a pegar, justo como le pasó a mi amigo Félix en una fiesta de música electrónica cuando éramos veinteañeros, pero esa es otra historia. El caso es que, fuera de esos encuentros vampíricos ocasionales, la verdad es que hasta entrada la adolescencia no supe mucho más al respecto de los parásitos. Al menos hasta que mi mamá y mi papá se separaron, cuando yo tenía 11 años.

Una de las ventajas de tener papás científicos y divorciados es que desde una edad temprana estás expuesto a conversaciones interminables sobre fisiología y medicina durante las comidas. Dado que pasaba mucho tiempo a solas con cada uno de ellos, y supongo que en parte también porque tanto mi mamá como mi papá figuran como las únicas personas en sus respectivas familias que se dedican a la investigación científica —hasta donde sé, son los únicos integrantes de sus respectivos árboles genealógicos que cuentan con doctorado, ya no se diga postdoctorado—, poco a poco me fui convirtiendo en su interlocutor favorecido. O, mejor dicho: el que tenían a la mano.

Tampoco me gustaría generar la impresión equivocada. Esas exposiciones a las que me refiero no salían de la nada. No se trataban de soliloquios sin sentido, como cuando la soledad te lleva a hablarle sin freno a perros o gatos, quiero decir. Como quizás ya sea claro, yo era un niño con una inclinación marcada hacia las ciencias naturales. Una inclinación casi insana, podría pensarse; porque me traía problemas en la escuela (y eso que asistía a un Montessori). Digamos que en tercero de primaria experimentaba serios aprietos con la ortografía y la gramática, pero me sabía de memoria todos los huesos de la mano. Quizá las sumas y restas de tres dígitos quedaban fuera de mis dominios en el momento que celebraba mi octavo cumpleaños, sin embargo, era perfectamente capaz de recitar los nombres científicos de todas las especies endémicas de la Ciudad de México o ahondar en los diferentes tipos de dentición característicos de las serpientes. Y si algo celebro de esos años formativos es que, a pesar del bajo rendimiento académico, no se me hayan censurado mis intereses. A lo que quiero llegar es que las pequeñas cátedras cotidianas de mis tutores no encontraban oídos sordos; al revés, eran absorbidas con todo el deleite y atención que permitían mis jóvenes capacidades.

De esa manera fue como, en plena pubertad y mientras degustábamos platillos variados (otra ventaja de que tus papás se separen: empiezas a comer más seguido en restaurantes), escuché por primera vez sobre el proyecto del genoma humano o descubrí el potencial de acción de las neuronas, que da origen a las sinapsis y, por lo tanto, a nuestros actos y pensamientos. Pandemias, zoonosis, diabetes mellitus, clonación de ovejas, todos tópicos que fueron abordados durante esas largas sobremesas de conocimientos precoces. En ese sentido, no está de más reconocer que le debo mucho a la disolución del matrimonio.

Recuerdo a la perfección la primera vez que mi papá me habló acerca del microbioma humano. Estábamos desayunando chimichangas y burritos de machaca en la fonda de las Lupitas, en pleno centro de Coyoacán, casa del mejor atole de canela de la capital mexicana, cuando mi papá se soltó a contarme con gran pasión sobre los últimos descubrimientos de los microorganismos que nos habitan y que, en cierta medida, nos hacen ser quienes somos. Recuerdo, también, que hizo especial hincapié en que se trataba de algo que los científicos soviéticos (mi padre siempre ha guardado muchas reservas respecto a la narrativa occidental hegemónica) venían repitiendo desde hacía décadas. El caso es que para mí se trató de una completa revelación: asimilar que no todos los parásitos que contenemos son aquellos que causan daño, al contario.

Existe una infinidad de seres vivos cuyas adaptaciones los han llevado a valerse de nuestra intimidad anatómica para poder subsistir. Tan solo en el intestino de la persona promedio, la amplia gama de especies presentes supera el inventario de tipos de aves reportados en México —poco más de mil especies—.[1] Visto como bioma, el cuerpo humano se asemeja más a las poderosas junglas del Borneo que a la estepa siberiana. Somos un entorno salvaje repleto de fieras minúsculas: herbívoros, depredadores, simbiontes y comensales partícipes de una intrincada red trófica. Ácaros en las pestañas, hongos en el cuero cabelludo, nematodos sobre la piel y bacterias en absolutamente todos los resquicios de nuestro ser. Literalmente, hay millones de especímenes distintos que nos llaman hogar. Tantos que se estima que, de todas las células corporales que nos integran, apenas una fracción es propiamente humana. El resto da lugar a una taxonomía desquiciada que recubre cada centímetro de nuestra fisionomía desde el nacimiento. Ese es el microbioma humano: tan dependiente e inseparable de nosotros como nosotros de él. Una amalgama heterogénea de entidades intrínsecas al sujeto orgánico que nos define, y que más que un individuo, en combinación con el resto de nosotros, conforma (conformamos sería más atinado) un holobionte.[2]

Claro que, dadas las circunstancias, algunos de los ejemplares comprendidos en el conjunto, como me decía mi papá mientras avanzábamos sobre la tercera taza de atole, pueden llegar a destacarse como patógenos corrosivos; pensemos en el caso de *Helicobacter pylori*, una bacteria que causa úlceras hemorrágicas, gastritis severa y en los casos más extremos: cáncer estomacal. No obstante, en su inmensa mayoría, las especies que nos habitan representan asociaciones neutras o benéficas para la anatomía de la que formamos parte. Con solo decir que figuran como agentes biológicos indispensables si es que se pretende llevar una cotidianidad plena: constituyen una fracción primordial de nuestra identidad inmunológica y desempeñan un papel fundamental dentro de las posibilidades metabólicas que nos han llevado hasta donde estamos; si suprimiéramos su ayuda, por ejemplo, no podríamos descomponer y asimilar los nutrientes vegetales. Sin ir más lejos, a juzgar por hallazgos científicos recientes, la biota que nos acompaña posiblemente sea casi tan importante para cada uno de los miembros que componen nuestro linaje evolutivo como lo son los mismos genes.[3]

Claro que todo lo anterior compete principalmente a la escala microbiológica, pero los helmintos y protozoarios (o, si se prefiere: gusanos planos, redondos, segmentados o de cabeza espinosa y algunos eucariontes unicelulares)* son bestiecillas que se cuecen aparte. Pues precisamente a tal grupo pertenecen aquellas pequeñas fieras que llevan el término *parásito* hasta su acepción más severa. Por lo que, en su caso, el cambio de paradigma llevó más tiempo. De hecho, fue necesario que transcurriera más de una década para que se registrara un cambio significativo en mi entendimiento. Cosa que no tuvo lugar hasta que alcancé el tercer año de la carrera de Biología en la Facultad de Ciencias de la UNAM.

Segunda revelación: mente

Uno de los aspectos positivos de guardar obsesivamente todos los cuadernos de apuntes desde la secundaria —amontonados en un rincón oscuro de la casa materna— es que sus páginas permiten que nos asomemos a pequeñas viñetas fidedignas de nuestro pasado. No por medio de recuerdos engañosos, propensos a mutar y adquirir distintos acentos emocionales con cada visita que les hacemos, ni sometiéndonos a ese artificio ilusorio de contemplar fotografías antiguas —dispositivos gráficos que, en todo caso, ponen en marcha los engranajes más propios de la fantasía que de la memoria—, sino a través de cápsulas de tiempo reales.

Quienes practican la virtud de llevar un diario personal lo saben bien, esos párrafos escritos a mano brindan una rara oportunidad de poder saber exactamente qué era lo que uno pensaba —o inventaba— cuando encarnaba a esa

* Las células eucariotas son aquellas que cuentan con núcleo bien definido y organelos, como las que se encuentran presentes en hongos, plantas y animales. Los organismos unicelulares compuestos por este tipo de células conforman un *phylum* propio: protozoa, y son conocidos comúnmente como protozoarios.

otra versión de sí mismo (aquella previa fase larvaria de su ser en proceso constante de transformación).

Los cuadernos que rellené durante la época justamente previa a que aconteciera mi segunda revelación parasitoide en la licenciatura, incluyen ilustraciones hiperactivas trazadas en tinta azul con pluma atómica y anotaciones del siguiente orden:

> No importa cuánto insistan en ello los devotos, no todas las criaturas son agradables. Existen algunas cuantas que son francamente repulsivas. Organismos turbadores que ponen en duda la estabilidad mental del creador y que evidencian que, si es que en verdad existe un plan maestro, definitivamente proviene de una mente sumamente retorcida. Me refiero al oscuro reino de los gusanos parásitos. Tenias de varios metros de largo que, tras pasar por el puerco, se alojan en las tripas humanas; lombrices que, comenzando dentro del mosco y pasando por la rana, terminan en el pulmón de la garza; vermes que se cuelan por el pie al pisar un charco descalzo y bloquean los vasos linfáticos.

Confieso que, aunque por un momento me asaltó la tentación de retrabajar algunas de las líneas aquí transcritas, me contuve, pues considero fundamental mantener los apuntes tal cual aparecen en el original, con todo y sus errores de puntuación y términos poco atinados. De otra manera: ¿qué chiste tendría el ejercicio? Si lo que queremos es asomarnos por una ventana que efectivamente no maquille el pasado, las anotaciones deben recuperarse como son, como están en el cuaderno, así como esta que sigue:

> Lombrices brutales como las que aparecen en *Dunas*, solo que, en lugar de enterrarse en la *áspera* arena como sucede en la película, lo hacen en las paredes grasosas de tu intestino. Seres planos, blancos y babosos que penetran el cuerpo como larvas o huevos, se desarrollan en tu interior y, anclándose con sus poderosos ganchos bucales al tejido, lo transforman en su plácido hogar. El predio orgánico, que usualmente nos gusta considerar como infranqueable, usurpado. El límite del individuo infringido por un visitante incógnito. La constitución personal forzada a prestar servicios de hospedaje y compartir la mesa con aquel inquilino que arribó sin anunciarse. Los *órganos* profanados en busca de cobijo, el torrente sanguíneo embargado para la movilización del tripulante extranjero, el vientre reconfigurado para prestar bonanza alimenticia al morador indeseado. Nido cálido en el que se engendrarán los huevecillos que darán lugar a una nueva generación de polizontes. Más parásitos que, a su vez, asaltarán otros cuerpos y doblegarán, según sea el caso, tripas, intestino, músculo, cerebro o corazón.

Para bien o para mal esos eran mis pensamientos por aquel marco temporal. Quizá potenciados en buena parte por la tónica alarmista de los artículos de divulgación relacionados con estos organismos que aparecen en medios masivos de comunicación o por libros de amplia distribución como *El encantador de saltamontes* de David González Jara, que si bien aún no había sido publicado cuando yo cursaba la carrera, me parece que expone exactamente ese acento sensacionalista y «terrorífico» al que me refiero,[4] y que me llevaba a anotar líneas como las siguientes:

Moluscos, artrópodos, protozoarios y helmintos destacados por seguir una pauta vital cuya condición existencial subyace en realizar una invasión silenciosa de los demás: la infestación perpetua y total del resto de seres vivos como su máxima añoranza. Una gran cantidad de estos invasores corporales cuentan, además, con la extraordinaria habilidad de secuestrar la mente de sus hospederos y controlar su voluntad, manejándolos desde sus adentros como si se trataran de marionetas, alterando su conducta por medio de químicos refinados, arrebatándoles el libre albedrío y cambiando drásticamente su destino. Avispas que lobomotizan arañas, las convierten en sus esclavas y las obligan a tejer una red de protección para las larvas del insecto que se gestan dentro del arácnido, lombrices que empujan a los grillos infestados al suicidio por ahogamiento, crustáceos que tras devorar la lengua de un pez se quedan a vivir en su lugar sustituyéndola dentro de la boca.

Y es que cuando estudias biología llegas a conocer de cerca la fauna desbordante que, a la manera de *Alien*, depende de colonizar a otros seres vivos para poder existir. Cobras conciencia de que las fresas, la nariz de tu perro o las ensaladas que se venden en plena avenida figuran como vectores potenciales de decenas de especies de platelmintos, lombrices y protozoarios a los que nada les agradaría tanto como intervenir tu intimidad visceral para compartir tu cuerpo. Observas sus inquietantes contornos flotando dentro de frascos de formol amarillento y te preguntas: ¿qué tan efectivas serán las normas de higiene bajo las que riges tus actividades cotidianas? ¿Desinfectaste el cilantro? ¿Besaste a tu gato? ¿No te lavaste las manos después de viajar en metro?

En la clase de parasitología eres testigo visual de lo que sucede cuando las respuestas a estas interrogantes no son las adecuadas:

> Tu ingenua mirada nunca volverá a ser la misma después de analizar las diapositivas con las que el doctor Guillermo Salgado le roba la ingenuidad a generación tras generación de sus estudiantes: cisticercos calcificados en el cerebro, solitarias de seis metros de largo, ojos dentro de los que se adivina la silueta serpentoide del organismo que causó la ceguera, radiografías que muestran claramente al gusano paracaidista hecho bola dentro del tracto digestivo, corazones perforados por lombrices y demás joyas del museo de las pesadillas biológicas.

Sin embargo, en los libros aprendes también sobre sus complejos ciclos de vida, que muchas veces involucran saltar entre distintos grupos taxonómicos para poder reproducirse. Lees sobre aquellos capaces de secuestrar la mente y cambiar la conducta de sus hospederos, así como del poderoso hechizo que esgrimen los parásitos sobre las poblaciones del resto de los seres vivos. Y no puedes evitar comenzar a respetar un poco más a estos invasores. Se diría que incluso consiguen despertar cierto aprecio: claro, siempre y cuando, la desgracia de tener uno dentro sea ajena.

Fue de esta manera como, dos veces por semana a lo largo de un semestre en la clase de parasitología impartida por el eminente doctor Guillermo Salgado en la Facultad de Ciencias de la UNAM, aconteció mi segunda revelación parasitoide. Esta no se manifestó a la manera de un suceso específico —no todas las revelaciones cognitivas son puntuales—, sino en forma de una serie de nociones que fueron superponiéndose una sobre otra y que básicamente me llevaron a tener que ampliar el encuadre y pasar de unas cuantas especies que afectan al *Homo sapiens* a un panorama mucho más extenso:

> Si por un momento permeara la garrafal y equívoca concepción de que en el mundo natural la apropiación de morfologías ajenas es poco favorecida, quizá sería importante aclarar que, en realidad, y por sorprendente que pueda llegar a parecerle al naturalista poco versado, sucede exactamente lo contrario: el parasitismo se erige como la forma de vida más extendida en el planeta.

A lo largo de este proceso me hice consciente de que los parásitos no son únicamente enemigos, sino que desempeñan un papel fundamental en la ecología en sentido amplio y en la evolución. Dicho de forma simple: son los agentes bióticos que, más que ningún otro depredador o patógeno, esculpen el panorama viviente de los ecosistemas. Es desde ahí, invadiendo los tejidos y órganos internos de recintos corporales que no les pertenecen, que comandan su clandestino dominio. Poniéndolo de otra manera: el león no es el rey de la sabana, sino el gusano que se lo devora desde dentro. Y lo mismo podría decirse de absolutamente todos los demás animales, y para el caso: del resto de seres vivos. Pues los organismos que ciertamente llevan las riendas del juego no son felinos, ni caninos, ni reptiles, sino entes mucho más formidables; sofisticados a niveles incomprensibles, minimalistas como piezas de arquitectura japonesa; usualmente discretos en cuanto a sus andanzas, pero cuyos alcances son suficientes como para poder alterar el rumbo y cambiar el devenir de cualquier otro grupo de especímenes. Y para vislumbrarlo no hace falta más que remitirnos a la propia historia de nuestro linaje y preguntarse: ¿cuál ha sido la causa de la mayor cantidad de muertes humanas a lo largo de la historia?

Un factor de letalidad que opera en el orden de los miles de millones, que en efecto ha terminado con más personas que la suma de todas las guerras, ni qué decir de todos los desastres naturales, enfermedades no infecciosas y accidentes combinados, aniquilando por sí solo a la mitad de todos los *Homo sapiens* que han caminado sobre la faz del planeta desde los albores de nuestra saga evolutiva. Sí, a la mitad de todos los humanos que han existido. Estamos hablando de una cifra estratosférica que ronda los 50 mil millones de personas (pensando que, de acuerdo con estimaciones del Population Reference Bureau, la población total histórica, acumulada durante los trescientos mil años de existencia de nuestra especie, ronda los 108 mil millones de individuos).[5]

Puede ser que en el imaginario colectivo —así como en las infografías que pululan en las redes sociales y mamparas de museos— prevalezca la noción de que dicho factor letal recae en los moscos. Y de cierta forma los insectos voladores tienen algo que ver, pero son solo vectores; apenas vehículos de transmisión, mensajeros en el mejor de los casos. Ya que en verdad se debe a una serie de parásitos unicelulares. Protozoarios del género *Plasmodium*, del que al menos cinco especies (*P. vivax, P. falciparum, P. malariae, P. ovale* y *P. knowlesi*) desatan cuadros de malaria; es decir, la violenta infección de los glóbulos rojos, las células de la sangre, que ha terminado con uno de cada dos humanos que jamás hayan existido. Y si eso no es tenernos doblegados, me gustaría que alguien me explicara qué sí lo es. O sea, que un minúsculo protozoario tenga el alcance como para haber acabado con la mitad de los seres que según nuestro juicio dominan el planeta, debería darnos mucho que pensar respecto a la concepción que guardamos sobre nosotros mismos, tanto como especie como en relación con cuál es nuestro lugar en el gran esquema de las cosas.

El caso es que historias semejantes a esta se repiten a lo largo y ancho de todas las ramas del inmenso árbol de la vida. No importa en qué escala de tamaño decidamos concentrarnos, ni en cuál de sus múltiples dimensiones transitemos, el planeta Tierra es, ante todo, un sitio en el que reinan los okupas anatómicos. La estrategia evolutiva de invadir al otro ha probado ser tan exitosa que no existe ser vivo que no cuente con un bestiario personal de taxonomías polizontes; cada especie de animal, planta, bacteria, protozoario u hongo con su abanico de intrusos particulares (sin ir más lejos, los dinosaurios también fueron diezmados en su momento por su propia versión de la malaria). Lo que, en conjunto, conduce a que, de forma similar a la presión impuesta por el límite de recursos, los parásitos funcionen como reguladores del tamaño y densidad de las poblaciones, teniendo por lo tanto un impacto determinante sobre la ecología y la biodiversidad en sentido amplio, y por ende sobre la evolución.

No sé si llegaría tan lejos como para declarar que dominan el planeta con alevosía, o siquiera que se percaten de ello, pero de que imponen una inferencia marcada sobre una buena fracción del inventario viviente, no queda duda. Y sí, también existen los parásitos que parasitan a otros parásitos que a su vez parasitan a otros más... así que no lo olvidemos: aunque bajo el restringido entendimiento humano, y debido al sesgo temporal implícito en nuestro brevísimo paso por la historia geológica de este planeta, podría parecer de otra manera, la verdad es que los que mandan, y siempre lo han hecho, son ellos. El resto solo somos contenedores.

El comunicador de la ciencia Carl Zimmer lo resume de la siguiente manera en su magistral libro *Parasite Rex*: «*Scientists have no idea just how many species of parasites there are, but they do know one dazzling thing: parasites make up the majority of species on Earth. According to one estimate, parasites may outnumber free-living species four to one. In other words, the study of life is, for the most part, parasitology* (los parásitos conforman la mayor parte de las especies de la Tierra. De acuerdo con una estimación, los parásitos superan a los especímenes de vida libre en una proporción de cuatro a uno. Dicho de otra forma, *el estudio de la vida corresponde, en su mayor parte, a la parasitología*)*».[6]

Tal y como sugiere también este último apunte rescatado de mis cuadernos:

> Si bien el gran biólogo evolutivo y genetista inglés J. B. S. Haldane declaraba con humor que, si en efecto existía un ente divino tras la creación de los seres vivos, entonces habría que reconocer que profesaba una «afición excesiva por los escarabajos y por las estrellas» —eso en virtud de que los

* N. del A.: Traducción propia y cursivas introducidas para subrayar el argumento.

coleópteros, o escarabajos, amasan el grupo más diverso de animales en el planeta; con casi medio millón de especies catalogadas, representan un cuarto de todas las especies de seres vivos descritas al día de hoy—, no olvidemos lo que cada uno de esos insectos carga en sus adentros: una bola de parásitos.

Tercera revelación: cuerpo

En diversas ocasiones durante aquel tiempo, y también en muchas ocasiones posteriores, visité la colección nacional de helmintos en el Instituto de Biología de la UNAM —de la cual mi profesor se desempeñaba como curador por aquella época— para contemplar sus múltiples especímenes. Esos pequeños monstruos invertebrados, tan perturbadores como de alguna manera fascinantes, flotando en formol. Cada uno con su historia particular.

No sabría explicar bien por qué, pero siempre he sentido una atracción peculiar por las estanterías repletas de fieras en conserva. Supongo que me remiten a los anaqueles de los museos antiguos de ciencias naturales y gabinetes de curiosidades a los que me llevaban de paseo cuando era niño. Esqueletos de dinosaurios, dioramas de biomas exóticos, meteoritos que viajan desde galaxias remotas antes de impactarse de lleno en la Tierra. ¿A qué infante no le vuela la cabeza todo eso? A lo mejor solo es que algunos conservamos a ese niño que nos habita por más tiempo. Si es así, definitivamente llámenme infantil, porque atravieso por un sentimiento similar cada vez que visito algún museo de historia de la medicina, con sus fetos, disecciones de extremidades, vestigios de posibilidades anatómicas insólitas y órganos de proporciones antinaturales que hacen salivar la curiosidad. Me despiertan el mejor lado de la morbosidad, me gustaría pensar.

Quizá no muchos adultos compartan esta pasión, pero para aquellos que la manifestamos brinda afinidad inmediata (una complicidad no muy lejana, imagino, a la de quienes comparten los juegos de rol, la lectura del *I Ching* o la afición por ciertas sagas de manga). De hecho, una de las primeras conversaciones que recuerdo haber tenido con Ana Jacoba —la española con alma de gitana de la que soy pareja desde que nuestros caminos se cruzaron en el Berlín de 2010, donde ambos vivíamos por aquel entonces— giró precisamente en torno a la colección de fetos de la Charité. En un par de ocasiones previas, en fiestas e inauguraciones de exposiciones, había interactuado someramente con esa mujer de ojos verde musgo y pelo largo revuelto, pues frecuentábamos un mismo grupo de amigos (un parche de colombianos expatriados), pero no fue sino hasta que descubrimos el interés que compartíamos por los cuerpos plastinados que nuestras pupilas cambiaron para delatar que en cualquier momento la simpatía podría transformarse en seducción. Ahora que, cuando ella comenzó a hablarme de las hormigas a las que los hongos convierten en zombis, me invadieron unas ganas terribles de agarrarla a besos. A lo mejor suene un poco exagerado, pero los parásitos también conducen al amor.

Habrá quienes realizan peregrinajes a ciudades distantes para conocer bibliotecas o librerías emblemáticas; también hay personas cuyo objeto de viaje son los museos de arte moderno o las reliquias arqueológicas, pero en lo que a mí respecta, las colecciones de organismos y especímenes son las que reclaman mis pasos. Entre las colecciones referidas que he tenido oportunidad de visitar, obviamente guardo especial cariño por el museo de la Charité, al igual que por el de Ciencias Naturales de Berlín (precisamente recinto de una de las primeras citas en forma que compartí con Ana Jacoba tras aquella charla iniciática de nuestra relación). El museo de la Facultad de Medicina de la UNAM, así como el de Veterinaria, con sus vacas cíclopes y animales de dos cabezas, también tienen un lugar atesorado en mis recuerdos. El Hunterian Museum, en Londres, donde realicé la maestría, es impactante, y el Kunstkamera, fundado por Pedro I en San Petersburgo (primero en su tipo a nivel mundial), simplemente es insuperable. Pero en Japón existe un museo que me hace falta conocer (que nos hace falta conocer a Ana Jacoba y a mí) y que quizá se erija como el más icónico para fines del presente libro, ya que se jacta de ser el único en el mundo dedicado al tema para un público no académico. El Museo Parasitológico de Meguro en Tokio, cuya colección promete la fantástica cifra de 60 mil especímenes, 50 mil artículos y cinco mil libros especializados. Un pequeño paraíso, vaya.[7] Probablemente, de haberlo tenido identificado hace una década, ese templo oriental del saber parasítico hubiera podido figurar como un buen destino para nuestra luna de miel.

De cualquier modo, la suerte quiso que, no mucho tiempo después de concluir la asignatura de parasitología, aquella frase que anoté en mi cuaderno: «Debo confesar que hasta comienzas a apreciarlos bastante. Claro, siempre y cuando la desgracia de tener uno dentro sea ajena», abandonara para siempre su condición especulativa y pasara a convertirse en mi presente. En mi presente anatómico, quiero decir; puesto que a lo largo de un mes albergué a un gusano en mis propias entrañas. Pero eso ustedes ya lo saben. Si acaso valdría la pena añadir al episodio relatado que, a partir de ese momento, la fotografía de mi espalda lacerada por el gusano del sushi forma parte del emblemático repertorio de diapositivas con las que el doctor Guillermo Salgado le roba la ingenuidad a generación tras generación de estudiantes de la materia que imparte en la Facultad de Ciencias de la UNAM.

Es posible que, llegados a este punto, el lector se cuestione respecto a la naturaleza de mi tercera revelación, ya que podría inferirse que se trató de un proceso inverso al acontecido durante la segunda; es decir, cuya vivencia pareciera contraponerse al aprecio que yo comenzaba a gestar hacia los parásitos —quiero decir, una cosa es hablar desde la distancia reflexiva, y otra muy distinta, ser el blanco del ataque—. Por lo que debo aclarar que sería una impresión equivocada, pues en verdad sucedió exactamente lo opuesto.

Al compás de que la larva migraba a través de mis tejidos, el resto de los asuntos entró en vida latente y comencé a tener cabeza únicamente para los invasores corporales. Tampoco debería resultar del todo sorpresivo; después de todo, en momentos de crisis es cuando uno realiza sus indagaciones más atentas, en especial si conllevan el riesgo de enfermedad. Digamos que existen dos tipos de personas que tienden a mantenerse más actualizadas en ciertos campos de la medicina que los propios doctores: los pacientes y los hipocondríacos. Aunque se afirme lo contrario, no me considero necesariamente como parte del segundo grupo, pero en los contados casos que me ha tocado engrosar las filas de los dolientes, mi apetito por aprender tanto como pueda sobre el mal que me aqueja se potencializa al grado de convertirse, como quizá ya sea evidente, en obsesión.

A lo largo de este periodo fue que aprendí sobre la inmunomodulación, los fantasmas evolutivos y los mecanismos bioquímicos involucrados en la invasión, incrementando mi respeto, ya de por si alto, por los parásitos. Sucede que las asociaciones e interacciones que establecemos con nuestros intrusos corporales —incluso con algunos de aquellos designados bajo el rubro de patógenos— no siempre son tan sencillas de interpretar como podría aparentar. Sin ir más lejos, es posible que en algunos casos llegue a ser potencialmente benéfico relacionarse de vez en cuando con ellos, e incluso se está experimentando con la inoculación voluntaria con algunas especies específicas de helmintos como tratamiento prometedor para combatir males autoinmunes, pero ya habrá oportunidad de elaborar eso. Por ahora simplemente dejémoslo en que si la primera revelación sirvió para abrir la puerta de entrada, y la segunda para comenzar a valorar a los seres que nos habitan en términos ecológicos y evolutivos, entonces, la tercera complementó el circuito, aportando los planos fisiológicos y empíricos.

Durante mi tiempo compartido con el gusano del sushi llegó a mis manos un par de libros que funcionaron como la piedra de Rosetta para acceder a la ciencia de las fieras interiores: *Parasite Rex: Inside the Bizarre World of Nature's Most Dangerous Creatures* de Carl Zimmer y *The Wild Life of Our Bodies* de Rob Dunn, y por supuesto toda la serie de lecturas posteriores que estos manuscritos suscitaron: *I Contain Multitudes: The Microbes Within Us and a Grander View of Life* de Ed Yong, *This Is Your Brain On Parasites: How Tiny Creatures Manipulate Our Behavior and Shape Society* de Kathleen

McAuliffe, las charlas sobre toxoplasma de Robert Sapolsky y demás piezas que poco a poco han ido confeccionando la concepción actual que mantengo en relación con estos entes y con la biología a nivel general. Y, por supuesto, sobre su posible vínculo con la esquizofrenia y otras patologías mentales a nivel personal.

Las voces

Para el momento en el que conocí a mi abuela no quedaba la menor duda de que el diagnóstico había sido acertado: ella sufría de esquizofrenia aguda y sus síntomas se acentuaban con la edad. A los 70 años, que fue cuando realmente comencé a entablar una relación personal con ella, su proceso de transformación en abuela feroz se encontraba en una fase ya bastante avanzada. Había que estar alerta, «tratarla con pinzas», como se dice, pues en cualquier momento podía ocurrir un cambio repentino que trastocaba las circunstancias y las ponía patas arriba. Como una olla exprés bullendo a todo lo que da y con la válvula a punto de salir volando. Así me la figuraba yo de niño. Con esa respiración intensa y marcada como la de Darth Vader que incesantemente alternaba entre la agitación y la apnea, se podría decir que mi abuela era la sensación de inminencia vuelta persona. Tan solo era cuestión de tiempo el que la realidad inestable que hervía dentro de su cabeza se derramara hacia el exterior nuevamente y lo salpicara todo.

Es por eso que a veces me cuesta trabajo imaginarla cuando todavía no era así, cuando las fieras interiores aún no se devoraban sus pensamientos. Situarla en las diferentes iteraciones que adoptó su persona a lo largo de las décadas previas a que su enfermedad mental aflorara de lleno. Poderla ver como maestra normalista o guía Montessori, por ejemplo, o como instructora de natación, trabajos que desempeñó por un tiempo. O como la joven seductora que encarnó durante sus años mozos; la más guapa de sus hermanas, según lo que ellas mismas afirmaban. O más tarde como dama de alta sociedad, cuando su flamante marido ingeniero civil, es decir, mi abuelo, comenzó a escalar puestos en las directivas institucionales y empresas paraestatales de producción energética en las que laboraba hasta llegar a convertirse en secretario de Estado; una señora sofisticada y elegante que, se dice, organizaba fiestas y recepciones en las que convergían ingenieros, matemáticos, políticos y artistas en su gran jardín del centro de Coyoacán, que brillaba durante las cenas de gala y disfrutaba de figurar como el centro de atención, que hacía colectas anuales para la Cruz Roja y daba consejos románticos a sus amigas. Imaginarla, vaya, como Berta Diez de Urdanivia González (aunque ella se quitó el Diez), la mujer de personalidad desinhibida y graciosa que la distinguió hasta sus 50 años de edad.

Tampoco la conocí en su faceta como madre, quizá solo un poco sobrecontroladora, de cuatro criaturas: Humberto (17 años mayor que mi mamá), Hugo (14 años mayor), Berta (6 años mayor) y Marcia (que nació cuando mi abuela tenía 40 años de edad). Ni tuve oportunidad de convivir con su lado artístico, cuando visitaba museos y galerías asiduamente y asistía a clases de pintura. Todo eso no me tocó verlo y tampoco creo que sea mi lugar retratar. A mí lo que me corresponde, en todo caso, es perfilarla en su carácter de abuela. O, mejor dicho, como las distintas abuelas en las fue mutando al pasar de los años.

Rut, la mayor de mis primas, que me lleva quince años, me cuenta que, cuando era chica, Tita la llevaba al cine Continental, compraban gaznates rellenos de merengue rosa y se apoltronaban a ver dos o tres funciones seguidas;

mientras que Lucio, el chofer, agarraba sitio un par de filas más atrás para cuidarlas y salir a la cafetería por palomitas cuando fuera necesario. Ahora bien, yo conozco lo que es esa afición; si la vida me lo permitiera, con total placidez me entregaría a pasar tardes enteras dentro de un cine. Sin embargo, Rut y mi abuela se encomendaban a ver dos o tres veces la misma película al hilo, lo cual creo que podemos estar de acuerdo en que constituye una actividad vespertina sumamente diferente, por no decir extraña. ¿Qué buscaba mi abuela en la reiteración de la pantalla? ¿Algo predecible, me figuro, en contraste con el caos que comenzaba a nublar su mente? La verdad es que a veces ella no estaba del todo presente, me cuenta mi prima, era como si aprovechara que nadie le prestaba atención durante esas horas de oscuridad en la butaca para fugarse en paz. Pero eso sí, fuera de la sala, me cuenta Rut, Tita era sumamente coqueta, con esos ojitos pizpiretos que tenía y su facilidad para sacarle conversación a cualquiera que se dejara.

Aunque no es del todo claro exactamente en qué momento se fragmentó la mente de mi abuela, lo cierto es que cuando sus episodios comenzaron a ser recurrentes y desembocaron en la búsqueda de consejo médico, ella llevaba ya algún tiempo de deriva mental; etapa durante la que sus pródromos —como se le llama en el argot médico a los primeros indicios de que podría haber algo que no funciona del todo bien—* eran más esporádicos que una constante. Un ataque de cólera injustificado. Perder los nervios y darle una bofetada a mi prima Rut cuando era adolescente, por

* Pródromo: término clínico empleado para hacer referencia a los síntomas iniciales que preceden a una enfermedad.

ejemplo. Propinarle un palazo con el mango de la escoba a algún chamaco malcriado, porque estaba brincando en la cama, y romperle el codo, si se prefiere. Esa clase de arrebatos.

Es que la Gunga hoy amaneció muy alterada, era la única explicación que ofrecía mi abuelo con la mirada vidriosa de la impotencia, ante aquellos primeros borbotones del géiser en el que se estaba convirtiendo su esposa.

De acuerdo con el *Manual MSD*, en la fase prodrómica de la esquizofrenia: «aparecen síntomas subclínicos como retraimiento o aislamiento, irritabilidad, suspicacia, pensamientos inusuales, distorsiones de la percepción y desorganización. El inicio de la esquizofrenia manifiesta (ideas delirantes y alucinaciones) puede ser brusco (en días o semanas) o lento e insidioso (durante años)».[8] En el caso particular de mi abuela, lo anterior encaminó a ataques de pánico cada vez más frecuentes, desplantes emocionales incontrolables, agresividad, crisis nerviosas, psicosis y periodos de depresión durante los que se metía a la cama después de la comida y ya no salía hasta entrada la mañana siguiente. Un día cualquiera, en plena fase maniaca, podía ponerse a organizar una gran fiesta, por ejemplo, invitar a decenas de personas y pedir por teléfono 50 pollos rostizados, para que llegado el fin de semana del evento no tuviera fuerza ni para salir de su habitación.

A mí ya no me tocó una abuela ni tan coqueta ni tan chistosa, me dice María, la hermana pequeña de Rut, que tiene ocho años más que yo. Y tampoco era ya nada cariñosa. Más bien, la Tita que yo conocí, continúa María, podía alterarse por cualquier detalle insignificante. Súbitamente explotaba y comenzaba agredir a quien tuviese en frente, y una vez que se quedaba trabada por algo era muy difícil convencerla de lo contrario. No se me olvida ese día en que nos llevó a Chiandoni, la primera heladería italiana que abrió en la Ciudad de México, me cuenta mi prima. Recuerdo que ella pidió un helado de ron con pasas, y que después, cuando se lo pusieron en frente, comenzó a hurgarlo con desconfianza. Lo inspeccionó utilizando la cuchara por unos momentos, separando las pasas del resto del helado conforme su gesto se iba comprimiendo en una mueca de disgusto, para al poco rato comenzar a armar un alboroto. «¡Son moscas! ¡Son moscas! ¡Por dios, qué asco! —comenzó a gritar—. ¡Cómo se atreven! ¿Nos quieren envenenar o qué pasa?...». Y pues armó un escándalo. Fue muy bochornoso, porque ella insistió, gritando y gritando, hasta que los dependientes le dieron por su lado.

Aunque, bueno, también había veces en que nos llevaba de compras, agrega mi prima. Bastaba que Rut, o yo, le dijéramos que teníamos el pie plano, por ejemplo, y que necesitábamos tacones, para que Tita nos llevara al Puerto de Liverpool y saliéramos con tres pares de zapatos nuevos cada una. Pero si tuviese que decir qué era lo que más hacía mi abuela cuando yo era chica y pasaba los fines de semana en su casa, relata mi prima, eso sería rumiar. Rumiar pensamientos, quiero decir, con la mirada fugada en un punto indefinido y eternamente chupando algún dulce de esos de anís que le gustaban. Así se pasaba la horas. ¿Te acuerdas de su secadora de pelo?, me pregunta. Esa secadora de pedestal como de salón, de esas en las se mete toda la cabeza, ahí pasaba buena parte de la mañana. ¿Será que el ruido blanco la calmaba?

«Incluso en una fase prodrómica avanzada, solo un porcentaje (< 40%) tiende a desarrollar esquizofrenia completa», remata el párrafo del manual citado. Desafortunadamente a mi abuela le tocó formar parte de tal porcentaje, pues pronto sus fugas cognitivas comenzaron a empeorar. Las primeras revelaciones íntegras de sus fieras interiores tuvieron la forma de alucinaciones de carácter auditivo: cuatro o cinco voces distintas que le hablaban sin parar. *La red* les llamaba ella. Y estaba segura de que aquellas voces pertenecían a un grupo de psicoanalistas inmersos en la tarea de analizarla incesantemente. Una junta de doctores que perenemente juzgaba sus acciones y criticaba cada una de sus decisiones. Esa *red* que escuchaba era intrusiva, opresiva y ubicua, y lo más abominable: tenía la capacidad de leer sus pensamientos. Intentar comprender cómo se sentiría uno si tuviera a un concilio omnipresente de *expertos* sacando conjeturas sobre todo lo que uno hace, dice o piensa es, por decir lo menos, desquiciante y más que suficiente para eliminar todo atisbo de romanticismo que pueda llegar a tenerse respecto de la locura. Más aún, cuando a las paranoias auditivas siguieron las alucinaciones de carácter visual. Y un poco más adelante, el desfase temporal extremo y la pérdida total del sentido de realidad.

Imposible olvidar aquella vez en que se perdió en Perisur, porque cuando regresó a buscar el coche en el estacionamiento alucinó que Lucio, el chofer, estaba muerto. O, mejor dicho, que lo habían asesinado a balazos, y que todo el asiento trasero estaba lleno de sangre. Horrorizada, huyó corriendo, y quién sabe dónde se iría a meter pues apareció hasta bien entrada la noche a bordo de un taxi al que, a saber cómo, supo guiar hasta su casa. Tampoco era del todo infrecuente que sacaran a mi abuelo o a mi madre del trabajo porque Tita, en pleno vuelco paranoico, había agarrado un cuchillo y estaba amenazando a la cocinera o a alguna de las empleadas del servicio doméstico. O que de pronto se metiera con alguna desconocida en un restaurante acusándola de ser la amante de su marido.

A veces pienso que en contextos históricos o culturales diferentes de los que le tocaron a mi abuela, esos comportamientos delirantes y desplantes desquiciados de los que comenzó a ser presa bien podrían haber acabado valiéndole un exorcismo.

«En la fase de psicosis temprana, los síntomas son activos y, a menudo, presentan gravedad máxima —continúa el *Manual MSD*—. En la fase intermedia, los periodos sintomáticos pueden ser episódicos (con exacerbaciones y remisiones identificables) o continuos; los defectos funcionales tienden a empeorar. En la fase tardía de la enfermedad, el patrón puede quedar establecido pero existe una variabilidad considerable; la incapacidad puede mantenerse, empeorar o incluso disminuir».

Es cierto, quizá lo más cruel de la esquizofrenia es que se presentan ventanas de lucidez que permiten a la persona afectada tocar tierra y hacer contacto con su patología. Percatarse, así sea por momentos breves, o incluso a lo largo de jornadas o semanas completas, de lo que le está sucediendo. Me viene a la cabeza la liga de goma que Tita llevó rodeando su muñeca izquierda durante varios años y que, por instrucciones médicas, ante la sospecha de comenzar a ser reclamada por sus delirios, se daba un chicotazo. Había días en los que la pobre acababa con la muñeca toda amoratada, y otros en que parecía ignorar que la liga siquiera existía y simplemente se fugaba por completo. No obstante, aun cuando mi abuela pasaba de los 70, y ya estaba francamente lunática, había ratos en que, ayudada por los fármacos, se comportaba con relativa normalidad. En las mañanas de los fines de semana, sin ir más lejos, mis abuelos jugaban a las cartas. Pula, viuda o perico castigado, en eso consistía su ritual para mantener un elemento ordinario en aquella casa donde la sensatez resultaba escurridiza. Cuando yo era niño jugaba con ellos, y hay que reconocerle a mi abuela que se esmeraba: ligazo tras ligazo se mantenía en la partida y algunas mañanas incluso nos ganaba. La baraja y las visitas rutinarias de Columba, la peluquera, ese era el equilibrio de los fines de semana. Mi abuela se entretenía durante horas con Columba, mientras la peinaba, le pintaba las uñas y el pelo y la maquillaba. Qué más daba si la peluquera se robaba un poco de dinero de vez en cuando, o más bien bastante seguido; mientras mi abuela encontrara un poco de sosiego, bien lo valía.

Por supuesto que el trastorno en cuestión representa un asunto un tanto difuso; se trata, después de todo, de un espectro mental y puede devenir en cuadros muy diferentes. Además de que existen otros trastornos, como el esquizoafectivo o el maniaco depresivo psicótico, que pueden llegar a confundirse con la enfermedad, y desde luego que también habrá aquellos casos que no encajen del todo con las definiciones. A fin de cuentas, estamos hablando de personas. Pero para no entrar en demasiados detalles, el *Manual de diagnóstico estadístico de trastornos mentales* (o DSM-5) apunta que se trata de esquizofrenia siempre y cuando se manifiesten dos (o más) de los siguientes síntomas, cada uno de ellos presente durante una parte significativa de tiempo a lo largo de un mes (o menos si se trató con éxito):

1. Delirios.
2. Alucinaciones.
3. Discurso desorganizado (disgregación o incoherencia frecuente).
4. Comportamiento muy desorganizado o catatónico.
5. Síntomas negativos (es decir, expresión emotiva disminuida o abulia).[9]

En general, los síntomas de la esquizofrenia se clasifican en:

1. Positivos: alucinaciones y delirios.
2. Negativos: disminución o pérdida de las funciones normales y el estado afectivo.
3. Desorganizados: trastornos del pensamiento y conducta bizarra.
4. Cognitivos: déficits de la memoria, el procesamiento de la información y la resolución de problemas.

En cuanto a las ideas delirantes, son creencias erróneas que se mantienen a pesar de la evidencia contradictoria clara; las hay de tipo persecutorio (el paciente cree que están atormentándolo, lo siguen, lo engañan o lo espían), las de referencia (los pacientes creen que algunos pasajes de libros, periódicos, canciones u otras señales del entorno están dirigidos contra ellos) y las de robo o de inserción de pensamientos (los pacientes creen que los demás pueden leer su mente, que sus pensamientos son transmitidos a otros y que los pensamientos e impulsos les son impuestos por fuerzas extrañas). De cualquier modo, en la esquizofrenia dichas ideas delirantes tienden a ser extrañas, claramente inverosímiles y no derivan de experiencias de la vida cotidiana (como creer que alguien extirpó sus órganos internos sin dejar cicatriz). Mientras que las alucinaciones son percepciones sensoriales que no son percibidas por ningún otro. Pueden ser auditivas, visuales, olfatorias, gustativas o táctiles, pero las auditivas son las más frecuentes. Los pacientes pueden oír voces que comentan su comportamiento, hablan entre sí o hacen comentarios críticos o abusivos; tal como la *Red* que atormentaba a mi abuela.

Si mis recuerdos y los reportes que me entrega la parentela del tiempo previo a que yo naciera son correctos, podría afirmar que a lo largo de los años mi abuela pasó por todos y cada uno de los síntomas mencionados; supongo que haciéndola una esquizofrénica como de libro. Como de libro tal vez, pero de florecimiento tardío, ya que usualmente los síntomas de los cuadros que terminarán evolucionado hasta llegar a ser agudos comienzan a expresarse antes, entre los 30 y los 40 años de edad, y no hasta pasados los 50, como en el caso de Tita. Me parece necesario subrayar ese último punto: la edad a la que comienzan a manifestarse los síntomas, pues resulta crucial para el cruce que estoy intentando establecer aquí entre las fieras interiores que allanan las entrañas y aquellas propias del pensamiento.

Lo que pasa es que la génesis de la esquizofrenia de florecimiento tardío no responde a una pauta hereditaria precisa, tal y como sí parece ocurrir en el caso de la enfermedad que se expresa de forma temprana y que tiene un componente de propensión genética más o menos bien establecido. Es decir que este tipo de cuadros no corren verticalmente a través del árbol genealógico, de la manera en la que muchas veces ocurre con su contraparte de manifestación juvenil, usualmente con varios miembros de la parentela que presentan algún grado de la enfermedad. De hecho, hasta donde me es posible husmear en las ramas de mi propio linaje, y a pesar de la inquietud (y chistes pertinentes) compartida por tías, tíos, primas y primos de que en cualquier momento a cualquiera le podría tocar secundar la saga de fuga mental, no he conseguido dar con ningún otro familiar afectado por la patología. Digamos que, si creyera en esas cosas, aquí es donde tocaría madera, *no vaya a ser que me esté adelantado en mis conclusiones.*

Todo lo cual me ha llevado a cuestionarme en distintos momentos respecto a cuál pudo haber sido el origen de la afección de mi abuela. Y es ahí donde, de manera completamente inesperada, se colaron de pronto los parásitos y la manipulación mental.

DE RATAS, GATOS Y CEREBROS HUMANOS

(7) Consumir alimentos o agua contaminada con heces de gato o por muestras ambientales contaminadas (tales como suelo contaminado con heces o cambiar el arenero de un gato doméstico).

(8) Transfusión de sangre o trasplante de órganos.

(9) Trasplacentalmente de la madre al feto.

(11) El diagnóstico de infecciones congénitas puede lograrse al detectar el ADN de T. gondii en el fluido amniótico usando métodos moleculares como el PCR.

(10) En el hospedero humano, los parásitos forman quistes tisulares, más comúnmente en el músculo esquelético, miocardio, cerebro y ojos; estos quistes pueden permanecer a lo largo de la vida del hospedero. El diagnóstico se logra usualmente por serología, aunque los quistes tisulares puedan observarse en especímenes de biopsias teñidas.

Los ooquistes se transforman en taquizoítos poco después de la ingesta. Estos taquizoítos se localizan en tejidos neurales y musculares y se desarrollan hasta volverse bradizoítos de quiste tisular.

Los gatos se infectan luego de consumir hospederos intermedios que albergan quistes tisulares.

(3)

Quistes tisulares

(4)

Ooquistes fecales

(5) (2)

Los gatos también podrían infectarse directamente por ingerir ooquistes esporulados. Los animales criados para el consumo humano y la caza también podrían infectarse con quistes tisulares después de ingerir ooquistes esporulados en el ambiente.

(6) Consumir carne mal cocida de animales que albergan quistes tisulares.

Aunque los ooquistes normalmente se expulsan durante 1-3 semanas, pueden expulsarse grandes cantidades. A los ooquistes les toma de 1-5 días para esporularse en el ambiente y volverse infecciosos. Los hospederos intermedios en la naturaleza (incluyendo aves y roedores) se infectan luego de ingerir tierra, agua o materia vegetal contaminado con ooquistes.

(1) Los únicos hospederos definitivos que se conocen de Toxoplasma gondii son los miembros de la familia Felidae (gatos domésticos y sus parientes). Los ooquistes que no han sido esporulados se expulsan en las heces de los gatos.

Lo recuerdo a la perfección. Nos encontrábamos nadando con el tiburón ballena en los alrededores de La Paz, Baja California Sur, cuando Ana Jacoba lo sospechó por primera vez. Eran los comienzos de 2016 y el agua estaba helada. Aunque la visibilidad bajo la superficie permanecía relativamente clara, afuera imperaba el caos. El viento ganaba velocidad y el cielo anunciaba tormenta. Con todo esto, y a pesar de la inmensidad de su contorno, no resultaba nada sencillo mantener la sombra del enorme escualo en una posición fija. Era cierto que su silueta rebasaba el tamaño de la embarcación —los tiburones ballena son, después de todo, los peces más grandes que existen en la actualidad, llegan a medir hasta doce metros de largo, o sea, poco más que un autobús de pasajeros—, pero por momentos se nos perdía de vista entre el oleaje.

Quizá se tratara de un gentil filtrador de fitoplancton, completamente inofensivo para los seres humanos, pero dado su colosal tamaño y su cercanía, la verdad es que causaba un impacto rotundo y resultaba difícil reprimir el instinto natural de salir huyendo en la dirección opuesta. Sobre todo cuando la gran mancha desaparecía en el horizonte líquido y por unos segundos no sabías dónde se materializaría a continuación. Hasta que, en una de esas, una ola particularmente fuerte nos estampó de lleno contra la criatura. Su piel áspera nos tomó por sorpresa. Imposible ignorar la sacudida de adrenalina que recorrió nuestro sistema nervioso hasta desembocar en taquicardia. No obstante, el monolítico tiburón ni se dio por enterado, prosiguió haciendo sifón con las fauces abiertas en busca de materia orgánica.

En ese instante fue que Ana Jacoba, usualmente intrépida e impulsiva, alcanzó a detectar que algo había cambiado en su interior.

—Me quiero salir, me quiero salir —comenzó a repetir—, me quiero salir del agua en este segundo.

Durante los siguientes días de periplo por la península sudcaliforniana, la aprensión que sentía mi pareja fue tornándose cada vez menos abstracta: algo comenzaba a gestarse en sus adentros. No era solo que las situaciones límite comenzaran a generarle angustia, sino que se percibía inusualmente cansada e hipersensible, además de que se quejaba de sentirse descompensada físicamente y de tener una sensación extraña en la panza. Algo no muy lejano a estar parasitada, vaya. Y unas semanas más tarde, las dos rayitas que aparecieron en la ventanita de la prueba lo constataron: estaba embarazada.

Era algo que los dos deseábamos, o sea, que por ese lado recibimos la noticia del embarazo con gran excitación, al compás del torrente de inquietudes y nuevas preocupaciones que van destapándose sobre la marcha. A saber, que la implantación del cigoto suceda en el sitio apropiado, que la segmentación del embrión siga una secuencia de división celular simétrica y progresiva (mórula, blástula, embrión; términos casi poéticos que adquieren peso con el pasar de los días); que más adelante el feto vaya creciendo de acuerdo con las pautas normales de desarrollo, que no se presenten malformaciones ni males congénitos y que el embarazo no se torne riesgoso o demasiado molesto para la futura madre (embarazo ectópico, preeclampsia, trisomía del 21, nuevos miedos que se descubren a medida que progresa el crecimiento intrauterino). En fin, la gama de ansiedades y neurosis características de la gestación y que dotan a esos nueve meses, más que de regocijo, de vértigo continuo.

Habría que aclarar que la comparación que entretengo con la parasitosis no es enteramente gratuita. Al revés, describe justamente lo que hace el producto: invade a su portadora, y desata en consecuencia una batalla al interior de su útero, durante la que se despliega una compleja red de trincheras fisiológicas, que incluyen cascadas hormonales, artificios genéticos que, entre otras cosas, disminuyen la respuesta inmunológica de quien le brindará morada anatómica (tal y como lo hacen los parásitos) e incluso involucra la génesis misma de un órgano completamente nuevo: la placenta. Subrayemos, la placenta no existe previamente a la llegada de la criatura en formación; se trata de una intrincada maquinaria de tejidos que aporta el pasajero, no el vientre de quien lo alberga. De esta forma, el embrión torna a la persona gestante en su hospedera.[1]

Digamos que en última instancia el embarazo no es otra cosa que la ocupación de la futura madre por otro individuo. O si se prefiere: todos comenzamos nuestros días como tripulantes de las entrañas ajenas. Difícil imaginar un porvenir más coherente para una pareja cuyo primer chispazo de atracción habían sido los invasores corporales. Y ahora, seis años más tarde, aquí estábamos, cocinando a nuestra propia criatura parasítica; una hermosa pirañita que se estaba comiendo a su mamá desde sus adentros.

—Ustedes, ¿tienen gatos? —la pregunta del ginecobstetra me agarró desprevenido. Estábamos apenas en la segunda consulta con él y todo era novedad para nosotros.

Respondimos que sí, que teníamos dos felinos en casa.

El doctor asintió, no sin cierta gravedad en el gesto, y dictaminó que a partir de ese momento Ana Jacoba tenía terminantemente prohibido limpiar, o siquiera acercarse, al arenero de Mapache y Veneno —nombres de nuestros gatos—. Posteriormente agregó que sería necesario realizar algunas pruebas de antígenos para corroborar la posible exposición a toxoplasma.

El término se quedó colgando brevemente sobre el aire del consultorio, sin que en ese momento me fuera posible comprender su enigmático alcance. Desde luego que, con nuestros escuetos ingresos como artistas independientes, en ese primer trimestre del embarazo estábamos más afligidos por los cálculos mentales de cómo carajos íbamos a financiar todo este asunto de traer un bebé al mundo. Encima, en un país donde la medicina —lejos de ser mejor que en Dinamarca (como proclama a los cuatro aires la Oficina de la Presidencia)— se ha convertido en un jugoso negocio.

Pero vaya que con el tiempo he podido vislumbrar la brutal influencia que el pequeño toxoplasma puede llegar a tener sobre nuestra especie y, dicho sea de paso, sobre el grueso de los mamíferos y de las aves por igual.

Atracción fatal

Todo comenzó tras volver de aquella cita con el ginecólogo. Toxoplasma, curioso nombre, demasiado singular como para no dedicarle unos cuantos golpes al teclado. Ya veríamos qué podría revelarme la red sobre este nuevo ser que acababa de cruzarse en mi camino; o, mejor dicho, en nuestro camino, porque ahora éramos tres. No deja de resultar llamativo ese afán de protección inmediato que surge ante el concepto de una cría, así fuese que la que nos ocupaba en ese instante tuviera apenas el tamaño de un pepinillo, con piel traslúcida y estructuras anatómicas todavía bastante amorfas; aunque, eso sí, según me informaba la pantalla, en los deditos minúsculos de nuestra hija ya comenzaban a dibujarse las huellas dactilares (con perdón, pero ¿cómo no sentir amor cuando se lee algo así?).

Dicen que la curiosidad mató al gato, pero a mí me gusta pensar que, más bien, lo ilustró. Porque, en los tiempos del internet, una simple interrogante termina enfilándote hacia un agujero de conejo (terrible como suena esa idea de *rabbit hole* traducida al español), cuya senda se ramifica y ahonda conforme más se hurgue en ella y alcanzar el fondo solo depende del tiempo del que se disponga y de la resistencia física con la que se cuente para tolerar la posición sentada. Aunque, quizás en esta ocasión, *mató* sí sería el término más acertado, al gato quiero decir, porque, como bien decía el ginecólogo, los felinos resultaban esenciales para el ciclo de vida que fui descubriendo a lo largo de mis pesquisas digitales. Lo que no sabía entonces es que la indagación se extendería por meses, rebasando cualquier clase de expectativa que hubiera podido motivar esos primeros tecleos ingenuos.

De a poco, mi navegador se fue llenando de pestañas. Lo bueno de contar con una futura abuela y abuelo inmersos en la academia es que el acceso a las revistas científicas indexadas —cuyo costo resulta prohibitivo para el ciudadano promedio— estaba garantizado, por lo que los ingredientes necesarios para la inmersión se encontraban al alcance de la mano. Lo único que faltaba entonces, como decía, era tiempo y saber sobrellevar la frustración inherente a pretender sacarle sentido a ese lenguaje estéril de los artículos científicos, en especial cuando estos corresponden a disciplinas que no dominamos del todo (o a veces casi nada). Algo más parecido al letargo de la excavación arqueológica que a la lectura edificante, por momentos «de una aridez rayana en la autocombustión», como bien declara Fredrik Sjöberg en su entrañable libro *El arte de coleccionar moscas*.[2]

De todos modos perseveré, pues descubrimiento tras descubrimiento aumentaba mi azoro, y a la vez conmoción, hasta llegar a tocar, como probablemente ya sea posible anticipar, la historia de mi propia abuela. Pero como la base de la narrativa indica seguir el encadenamiento de eventos causales que llevaron de una cosa a la otra, vayamos paso a paso.

Lo primero con lo que me topé fue con las ratas. La escena plasma una situación probablemente conocida para muchos. O como mínimo conozco a más gente que la puede contar entre sus experiencias que aquellas que no. Al caer la noche, la tranquilidad del hogar se ve súbitamente interrumpida por la aparición de una presencia rastrera; una silueta oscura y afelpada que se desliza entre un escondite y el siguiente con agilidad y cautela. No sin cierto sobresalto, seguimos su trayectoria con la mirada. Intentamos predecir en qué recoveco se esconderá a continuación. De pronto, conforme atraviesa velozmente el espacio que separa la mesa del refrigerador, el intruso suelta un chillido agudo y entonces se disipan nuestras sospechas: se trata de una rata.

En otras palabras, uno de esos roedores que nos siguen desde los albores mismos de la civilización, tan abundantes en los asentamientos humanos hoy en día que suelen superar al número de ciudadanos y por una diferencia apabullante —en la Ciudad de México, por ejemplo, se estima que hay al menos 10 ratas por cada persona, y en Nueva York, esa diferencia aumenta hasta sumar 20 por habitante—. El caso es que, al accionar el interruptor de la luz, la fisonomía de la sombra queda expuesta. Es peluda y gorda, avanza unos metros pegada a la pared de la cocina y, a pesar del desenfreno de saberse descubierta, consigue escabullirse debajo de la alacena fracciones de segundos antes de que el gato (el perro o la escoba, según sea el caso de la residencia en turno) consiga darle alcance.

Supongamos que unas semanas más tarde la escena ocurre nuevamente. Al caer la noche, la sombra peluda sacude nuevamente la paz hogareña. Sin embargo, en esta ocasión resulta evidente que algo ha cambiado en su naturaleza. Su paso, antes precavido, ahora es apacible. Más que una carrera, podría decirse que el roedor da un paseo tranquilo por el entorno. Husmea unas moronas de pan, mordisquea temerariamente la orilla del tapete, camina un poco más y es entonces que se revela un acto verdaderamente desconcertante. Ahí, donde yace la caja de arena de nuestro gato, la rata se detiene como hipnotizada y, segundos más tarde, comienza a restregarse sobre los desechos felinos con un furor que solo podría ser equiparado con el éxtasis.

Pinche rata loca —probablemente sea lo que pensemos—, al tiempo que observamos cómo el gato se abalanza sobre ella y le propina un par de zarpazos letales. Cabría preguntarse: ¿qué llevó a la rata a desenvolverse de esa manera francamente suicida? ¿Estaba, en efecto, loca? La respuesta es que sí: de algún modo, la rata no estaba del todo en sus cabales. Pero no debido a un brote psicótico o por influjo de algún veneno, sino por la intromisión de ese protozoario microscópico y quizás a primer golpe de vista poco intimidante —tomando en cuenta que cada individuo se encuentra conformado apenas por una célula— llamado *Toxoplasma gondii*, o simplemente «toxo», que estaba empezando a conocer.

Lo que pasa es que, tras milenios de comprometido estudio evolutivo y un par de genes robados a los mamíferos, este invasor anatómico ha conseguido dominar los secretos más íntimos de la fisiología celular roedora, destreza que le permite alterar su conducta a grados insospechados y ocasionar, por ejemplo, que cuando los roedores infectados detectan la orina de algún felino, en lugar de salir huyendo, como sería de esperarse, hagan exactamente lo contrario y sean presa de un arrebato incontenible. Y se trata de una reacción erótica *ratuna* en toda la extensión del término, dado que las feromonas presentes en la orina felina estimulan la liberación de las propias hormonas sexuales del roedor.

Me impresionó descubrir que en el laboratorio se haya demostrado que, al olisquear dicha orina, los infestados machos de *Rattus norvegicus albinus* (nombre que reciben las clásicas ratas blancas empleadas como modelo de investigación científica) liberan una buena dosis de testosterona, lo que ocasiona que sus testículos incrementen de tamaño (solo que, claro, a merced del parásito). Una atracción fatal hacia su depredador, pues, eso es lo que experimenta la rata. La orina felina como una especie de afrodisiaco; gancho tentador para aumentar la probabilidad de que suceda lo que el invasor anhela: ser devorado junto con el cadáver de la presa y alcanzar así el tracto digestivo del felino, único lugar del mundo donde tiene posibilidad de reproducirse y perpetuar su especie.

No hace falta recalcar que tales habilidades de secuestro mental no se limitan únicamente a cambiar la conducta de los roedores, también prueban ser versátiles a la hora de profanar otras psiques, entre ellas las nuestras; como comprobé con azoro cuando avancé un poco más profundo en el agujero de conejo que comenzaba a abrirse hacia regiones insospechadas y ponía ante mí disciplinas antes ignoradas como la neuroparasitología. Pero antes de adentrarnos propiamente en el cerebro humano y sus posibles afectaciones, sería aconsejable detenernos un poco a dilucidar de qué manera es que el buen toxoplasma consigue manipular a las ratas.

Lecciones básicas de control mental

No ignoro que todo este asunto podría tornarse un poco denso, así que haré lo posible por incluir solo lo indispensable, los elementos necesarios para poder seguir el arco, pero si en algún momento la cosa pudiera llegar a parecer un tanto cansada, hay que tener en mente que valdrá la pena, lo prometo, será algo digno de hacer volar la cabeza, tal y como me sucedió a mí.

El hospedero intermediario, es decir, el primer organismo al que tiene que invadir el parásito en su ciclo de vida, usualmente corresponde a algún tipo de roedor —aunque, para fines prácticos, también pueden servirle otros mamíferos o incluso aves—, los cuales se contagian cuando consumen sus huevecillos (llamados ooquistes) a través de alimentos, agua, tierra o materia vegetal que haya entrado en contacto con las heces fecales de algún felino infectado. Una vez en su interior —sigamos pensando en el ejemplo de la rata—, los huevecillos eclosionan para liberar formas larvarias, llamadas taquizoítos, que se diseminan por todo el cuerpo del animal y forman quistes en sus tejidos nerviosos y musculares. Abrirse paso hasta el cerebro de su anfitrión les lleva aproximadamente seis semanas y es entonces que comienza la función de títeres.

Como ya hemos mencionado, para poder reproducirse, el toxoplasma necesita alcanzar el tracto digestivo de algún felino (su hospedero definitivo), así que, básicamente, lo que hace es aumentar la probabilidad de que la rata infectada sea devorada por uno de estos depredadores. Y para conseguir semejante hazaña, ¿qué mejor estrategia que reconfigurar sutilmente la morfología del cerebro del roedor e interferir con sus secreciones hormonales (verdaderas directoras de la orquesta neuronal y, por ende, del comportamiento)?

Por un lado, el parásito altera significativamente la actividad de la amígdala, es decir, la estructura cerebral que funge como la glándula reguladora del miedo, el estrés, la ansiedad y otras respuestas emocionales en los mamíferos —justo el lugar donde se localiza el Cuartel General de la exitosa saga *Intensa-mente* de Pixar, digo, por si la referencia de la cultura popular pudiese servir para iluminar el proceso de secuestro mental en juego—. Una de las intervenciones que hacen ahí las huestes del toxoplasma, por ejemplo, es inhibir la acción del cortisol, la hormona ligada al estrés (responsable, entre muchas otras funciones fisiológicas, precisamente de la aversión instintiva hacia los depredadores potenciales), así que, para empezar, las ratas afectadas tienden a ser menos precavidas.

De manera simultánea, el invasor torna un agente amenazante —las feromonas felinas— en algo agradable, incluso seductor. Esto, pues, sabotea el hipotálamo (región del cerebro que controla funciones vitales, como la temperatura corporal, el hambre, la sed, los estados de ánimo, la libido, el sueño y la frecuencia cardiaca) y amaña la secreción de las hormonas sexuales del roedor: testosterona o estrógenos, según sea el caso.*

No obstante, lo más sobresaliente del secuestro psicológico en juego es el hecho de que el toxoplasma, además, cuenta con un par de genes TH en su arsenal genómico que están ligados a la producción de dopamina: ni más ni menos que el neurotransmisor identificado con el placer, responsable de la recompensa a diversos estímulos, central tanto en los patrones conductuales que operan en la adicción a la cocaína como en el deleite de saborear un chocolate o durante el socorrido arrebato sexual.**

Gracias a dicho par de genes, el toxoplasma tiene la posibilidad de enchufarse al sistema dopaminérgico de la

* Más específicamente lo que afecta el parásito es la hormona estimulante de las gonadotropinas, que a su vez controla los ejes hormonales de las gónadas que secretan las hormonas sexuales.

** Para quienes precisen del mecanismo por el que dichos genes interfieren en la cuestión, esto es a través de la enzima tirosina hidroxilasa, misma que desempeña un papel central en la catálisis de DOPA, precursor de la famosa dopamina.

recompensa y retozar con él. O, puesto de forma más simple: este es el factor que le permite *hackear* el cerebro de sus anfitriones corporales y conducirlos a voluntad. Robert Sapolsky, connotado neuroendocrinólogo y escritor, sin duda uno de mis autores preferidos, lo dice de la siguiente manera en una entrevista:

> [...] este protozoario parece *saber* más sobre las bases neurobiológicas de la recompensa y del estrés que todos los científicos juntos. Del mismo modo que el virus de la rabia parece entender mejor lo respectivo a la agresión y a la conducta violenta que nuestros mejores neurólogos.[3]

Regresando al ciclo de vida del parásito: finalmente, una vez dentro de las entrañas felinas, los quistes embebidos en los tejidos de la rata recién devorada liberan a los invasores adultos, los cuales a partir de ese momento se instalarán en el tracto digestivo gatuno, se reproducirán y diseminarán sus huevos junto con las excretas del anfitrión. Y de este modo, el ciclo vuelve a comenzar.

No está de más aclarar que las hembras de toxoplasma, fieles a su naturaleza invasora, producen decenas de miles de huevos cotidianamente, lo que significa que cada uno de los millones de felinos infestados a nivel mundial, sean estos gatos domésticos, semidomésticos, ferales o alguno de sus parientes silvestres (jaguares, ocelotes, linces, tigres, leones leopardos, chitas o cualquier otra de las 41 especies actuales que integran la familia Felidae), se desenvuelva como una suerte de bomba de propagación masiva por el resto de sus días.

Propagación masiva

En este punto es donde la cuestión comienza a tornarse alarmante, puesto que, de acuerdo con algunas estimaciones, alrededor de un tercio de la población mundial —es decir unos 2,720 millones de personas— podría cargar toxoplasma en sus adentros en este momento; aunque otros investigadores menos optimistas opinan que esta cifra podría rondar hasta el 50% de la humanidad, es decir, poco más de cuatro mil millones de humanos.[4]

¿Cómo puede ser posible? Tampoco es como que haya tantos gatos en el mundo, ¿no? Y los felinos salvajes son tan poquitos hoy en día que su aporte no puede ser tan significativo, ¿cierto? Quizá sean dudas razonables, pero recordemos que el toxoplasma tiene la facultad de poder invadir a casi cualquier mamífero, así como a un nutrido catálogo de aves. Al conjunto de todos estos organismos que lleguen a figurar dentro del menú de algún felino, se les conoce como «hospederos intermediarios» —o paraténicos, en caso de que se registren pasos subsecuentes de depredación antes de llegar al felino añorado—, mientras que, al resto, pensemos en los humanos y los mamíferos marinos, se les designa bajo el rubro de hospederos casuales, pues no sirven ni como entorno reproductivo adecuado para el parásito ni como vector para llegar hasta este.

De forma similar a lo que sucede en el caso de las ratas, la infección de los hospederos no definitivos —tanto intermediarios como casuales— puede ocurrir cuando consumen agua, materia vegetal o tierra que haya estado en contacto con heces de felinos infestados y que, por ende, arrastre huevecillos. Claro que también puede ocurrir que los quistes del parásito sean transmitidos a través de la cadena alimenticia por medio de la carne de organismos infectados. Sea como sea, ambas vías de transmisión se ven considerablemente intensificadas en la actualidad debido al proceder humano; tanto a raíz de nuestra infame industria de producción alimentaria, así como por el manejo inadecuado del sistema de drenajes, y por supuesto, potenciado todo lo anterior gracias a nuestro apego incondicional hacia el minino doméstico, o si se prefiere emplear su nombre científico: *Felis silvestris catus*.

El debate relativo a qué mascota prueba ser más popular, si los gatos o los perros, probablemente nunca encontrará reposo. Aunque ciertamente la respuesta varía en función del contexto histórico y geográfico, en el panorama contemporáneo los gatos parecen alzarse con la presea, amasando una población total, según The Ecology Global Network, que supera los 600 millones de individuos domésticos (más los millones de ejemplares ferales o asilvestrados, que se estima podrían rondar en el doble de eso, o un poco más; 1 500 millones, más o menos la misma cantidad que los usuarios suscritos a TikTok en 2024).

Es posible que la balanza termine inclinándose en favor de los felinos debido a un factor de carácter religioso, pues en buena parte del mundo musulmán —culto que cuenta con más de 1 800 millones de seguidores—, o como mínimo dentro de las naciones más ortodoxas, los perros, al igual que los cerdos, son vistos como animales sucios y por ello se prohíbe tener contacto con ellos.*

* Puede ser que el origen de este rechazo se remonte a que tanto cerdos como perros, dada la oportunidad, pueden llegar a alimentarse de cadáveres humanos, llegando incluso a desenterrarlos si no

Tomemos un momento para considerar qué es lo que sucede en todas esas moradas citadinas que son habitadas por gatos domésticos o semidomésticos. ¿Cómo es que sus dueños se deshacen de la arena donde las mascotas depositan sus excretas? O llevando el asunto hasta sus últimas consecuencias: ¿en qué sitio van a parar todas esas toneladas de arena empleadas anualmente para satisfacer el bullente mercado de los acompañantes humanos más populares del planeta?

¿Se van al caño? Si es así, quizá contribuyan a la propagación de huevecillos hacia lagos, ríos y finalmente el mar, o bien, dependiendo de en qué región del país nos encontremos, a través del riego con aguas negras de hortalizas destinadas al consumo humano y pastizales de forraje para ganado (práctica habitual en zonas periféricas de las grandes urbes mexicanas, por si quedara duda de por qué hay que lavar y desinfectar la lechuga y el cilantro).

¿Mejor, entonces, que la arena se vaya al bote de la basura o al jardín? Un poco da lo mismo, pues, a fin de cuentas, no importa si esta acaba en el vertedero municipal o enterrada bajo la hierba, al cabo de un tiempo, digamos pasada una temporada de lluvias torrenciales, es bastante factible que una fracción de la materia en cuestión termine por ser arrastrada hacia desagües, canales de riego y mantos acuíferos y de esa manera se amplíe el abanico de posibles contactos con nuevos hospederos potenciales. Dichos huevecillos u ooquistes, por cierto, pueden permanecer viables durante meses, quizás incluso años, con lo que ya debería

son resguardados adecuadamente. Quizás hoy en día esto no suceda con tanta frecuencia, pero habría que pensar que unos milenios atrás el panorama era muy distinto.

poder empezarse a dilucidar cómo es que la prevalencia del toxoplasma es tan elevada en la población mundial.

De una manera u otra, hemos contribuido significativamente al auge del parásito y ocasionado en consecuencia que el diminuto toxoplasma haya conseguido diseminarse a lo largo y ancho de los cinco continentes, alcanzando fronteras insospechadas para su clase. Sus quistes, sin ir más lejos, han sido detectados incluso en los tejidos de delfines y ballenas, y recientemente se le atribuye la muerte masiva de focas monje en Hawái, así como de nutrias marinas en las costas norteamericanas.[5]

En el cerebro humano

Ahora sí parece oportuno dirigir la atención a los linderos más sobrecogedores para el clan del *Homo sapiens*, lo que acontece en nuestro propio organismo cuando presentamos ese cuadro un tanto ambiguo denominado como *toxoplasmosis* —que no debe ser confundido con ese otro padecimiento de nombre similar: histoplasmosis, cuya causa es de origen fúngico, un hongo del guano de los murciélagos para ser más preciso y que nada tienen que ver con lo que estamos hablando en este texto.

Las personas, como el resto de hospederos casuales, podemos contraer toxoplasmosis cuando consumimos carne cruda o mal cocida de animales que presenten quistes en sus tejidos —puercos, borregos, reces, cabras, caballos, pollos, patos, pavos, codornices, avestruces, etcétera, hasta englobar todas las especies ganaderas y de avicultura (o varias a la vez, si es que somos de los que gustan merendar salchichas industriales) al igual que la llamada carne de monte—.[6] Asimismo, podemos contagiarnos cuando manejamos la arena del baño de las mascotas, o al ingerir agua, tierra o materia vegetal contaminada con heces felinas. Meditándolo un poco, se me ocurre que de pronto esos areneros de los parques o de las escuelas en los que juegan nuestras infancias no son tan inofensivos como podría pensarse, ¿no? Digamos tomando en cuenta la cantidad de gatos semidomésticos y/o ferales que probablemente los utilicen como baño.

Existe, además, cierta incidencia de transmisión, aunque cada vez más baja, debido a transfusiones sanguíneas o trasplantes de órganos. Pero la más grave de todas es la vía congénita: es decir de madre a feto durante la gestación; de ahí la preocupación del ginecobstetra durante el embarazo de Ana Jacoba. Y es que, en la eventualidad de ser contraído por mujeres durante el embarazo, el toxoplasma puede causar abortos de repetición —de hecho, hay investigadores que postulan que podría tratarse de la mayor causa de abortos espontáneos a nivel mundial— o algo peor, pues dependiendo del estado de desarrollo del feto al momento de contacto, en lugar de ocasionar aborto, la infección pude devenir en malformaciones severas o enfermedades incapacitantes.[7]

Por eso, desde hace algunas décadas, el protocolo indica que es reglamentario realizar análisis serológico a las futuras madres durante el primer trimestre del embarazo. En estas pruebas se detecta si existe presencia de anticuerpos IgG o IgM para el parásito en el plasma sanguíneo de la mujer gestante. Si se detectan los primeros, significa que la persona ha estado expuesta previamente al patógeno y que cuenta con defensas, es decir, que es poco probable que ocurra una transmisión intrauterina. Si, por otra parte, se encuentran del segundo tipo, quiere decir que la infección es reciente o que está activa y por consiguiente el riesgo de transmisión al producto es elevado y deben tomarse medidas inminentes.

Nos reconfortó saber que en el caso del embarazo de Ana Jacoba la prueba solo había detectado anticuerpos IgG, por lo que en ese aspecto nos quedamos más tranquilos. O, como poco, nos quedamos tranquilos en ese momento, porque con el tiempo he descubierto que las pruebas convencionales solo muestran actividad de un par de cepas de toxoplasma, las más frecuentes de acuerdo con la región en la que se habite; sin embargo, la realidad es que existen varias otras cepas distintas.

Por otra parte, el contacto con el parásito representa un factor de riesgo considerable también para la fracción de la población que adolece de alguna enfermedad autoinmune, por ejemplo, sida o lupus, o cuyo perfil inmunológico se encuentre suprimido por la acción de fármacos o padecimientos autoinmunes; en cuya instancia, la incursión del invasor en los tejidos puede resultar incluso fatal.

Fuera de estas fracciones sensibles de la población, el toxoplasma no representa mayores problemas. O, cuando menos, eso era lo que se pensaba hasta hace poco; sin embargo, datos recabados por diversos estudios parecen sugerir que el asunto es bastante más delicado. Pero no nos adelantemos. En cualquiera de los casos mencionados, los parásitos forman quistes en los tejidos, usualmente en los músculos y el corazón, así como en el encéfalo y los ojos. Generalmente la infección, salvo por su breve fase aguda, es mayormente asintomática, por lo que muchas veces pasa completamente inadvertida. A pesar de esto, la toxoplasmosis es crónica, lo que quiere decir que el parásito persiste en forma latente enquistado dentro de nuestros tejidos de por vida, sin que sea del todo claro por qué en ciertas ocasiones se desencadenan fases agudas intermitentes o qué factores exactos llevan a la reactivación de los quistes.

Cabría señalar que el tercio o mitad de la población mundial que lo alberga (quizá sería más atinado decir *albergamos*) no se reparte equitativamente sobre el globo terráqueo. De forma similar a como sucede tratándose de otros parásitos, la incidencia tiende a ser mucho mayor en zonas tropicales —con ciertas localidades que llegan a alcanzar hasta el 90% de los habitantes— y se presenta en menor medida en áreas boreales, debido a que el frío extremo de los inclementes inviernos lo aniquila.

Lo que es irrebatible es que muchos, pero muchísimos humanos, albergamos al versátil toxoplasma en nuestros cerebros. Y si bien el canon médico establecido decreta que estos parásitos —exceptuando, como dijimos, aquellos casos que involucran a mujeres embarazadas o a pacientes inmunodeprimidos— no causan mayores molestias, algunos científicos, como el ya citado Robert Sapolsky, y el grupo de investigación que ha seguido sus pasos en Stanford, están derribando el paradigma y revelando aspectos realmente estremecedores; ya que, de acuerdo con metaanálisis epidemiológicos de amplio espectro, podría existir una correlación relevante entre la infección del toxoplasma y el desarrollo subsecuente de diversas patologías mentales, tales como la esquizofrenia o el trastorno de déficit de atención, así como con la predisposición a desarrollar adicciones y ciertos rasgos de conducta y alteraciones de la personalidad que resultan poco favorables, cuando no directamente fatídicos.

Finalmente, ahí estaba, el choque entre los retazos de mi historia que me llevaron a emprender el presente relato. Y ya que nos encontramos en el vértice de intersección entre las fieras microscópicas que nos habitan y aquellas fieras interiores de carácter psicológico que pueden llegar a comerse nuestros pensamientos, ni más ni menos que los sustratos del argumento que estoy intentando construir aquí, permítaseme elaborar una pequeña digresión para brindar contexto. Sucede que hay cosas que jamás piensas que se tocarán. Facetas de tu vida que, si bien prueban ser identitarias, dan la impresión de estar tan alejadas entre sí, que simplemente no parecen guardar vínculos. Obsesiones, puede ser que sea eso a lo que me refiero. Aquello que te marca sin que lo hayas elegido. Meros accidentes, si se quiere, pero de esos que trazan el rumbo. Nada puedo hacer, por ejemplo, ante el hecho de que mi abuela estuviera loca (espero que para estas alturas sea evidente que empleo el término con el mayor afecto posible) y que, en consecuencia, las patologías mentales se hayan convertido en uno de mis intereses primordiales. Como tampoco puedo evitar la pulsión naturalista que ha conducido mis pasos desde la infancia, a fin de cuentas se trata de una reacción instintiva. Con lo cual quiero decir que *yo* —o lo que sea que constituye a esa fracción autorreferencial, ensimismada y hegemónica de la conciencia que nos habla sin cesar desde dentro del cráneo— no tuve ni voz ni voto en elegir a la fauna, la flora y la funga como guías del recorrido. Simplemente sucedió de esa manera. Germinó por su propia voluntad, si se prefiere.

Puesto de otra forma: ¿qué puedo hacer si a mi enramado neuronal le da por disparar un chisquete de dopamina, generando en el acto un choque estético tan involuntario como avasallante, cada vez que mis sentidos son atravesados por la textura turgente de una planta carnívora o por la coloración surrealista de un tritón venenoso? Nada, me temo. Sopesando lo anterior, quizá no sorprenda la eventualidad de que tarde o temprano los parásitos terminarían por colarse en mi radar. Puesto que, como ya hemos empezado a ilustrar a lo largo de estas páginas, el parasitismo representa la estrategia de vida predominante en el planeta y su influencia prueba ser determinante tanto para el destino de los individuos como el de las poblaciones y las especies. Visto bajo tal enfoque, valdría cuestionarse: ¿como por qué íbamos a salvarnos nosotros?, unos primates tecnológicos que insisten inútilmente en demarcarse del resto de organismos, cuando la verdad es que somos tan solo un clan más de la prole dependiente de los designios parasitoides. No obstante, y a pesar de que en mis reflexiones hago un esfuerzo por mantener el sesgo antropocéntrico a raya, confieso que hasta el momento en el que leí las investigaciones mencionadas, no había considerado factible que una cosa y otra —quiero decir la condición de mi abuela y los seres que nos habitan— pudieran estar entrelazadas.

A lo mejor, con mi formación como biólogo, era una posibilidad que debería haber vaticinado: la probabilidad de que podía existir una causa-efecto entre tales estratos de mi experiencia que consideraba tan distantes. Después de todo, nosotros también somos naturaleza; no solo parte de ella. Y desde luego que la conciencia humana puede ser alterada manipulando la química cerebral. Digamos que, si hay hongos que poseen la facultad de mandar a la psique de vacaciones por unas horas y licuar transitoriamente el ego, ¿qué no podría lograr una serie de intrusos diminutos que deciden instalarse entre la materia gris y quedarse ahí por el resto de la vida?

Está de más mencionar que el cruce entre ambos campos me agarró completamente de imprevisto, me dejó helado, como se dice, y a partir de entonces he tenido que cuestionarme muchas otras cosas.

Esquizofrenia y toxoplasma

El nudo en el que se sostiene la trama de este libro, pues, encuentra su cruce en una sospecha; en la teoría, en vías de investigación y ampliación estadística, de que podría existir una correlación entre la exposición al parásito durante la infancia, o incluso intrauterinamente durante las fases finales de la gestación, y la subsecuente manifestación de esquizofrenia en la etapa adulta. Esto tiene su fundamento en la alta incidencia de pacientes esquizofrénicos que presentan anticuerpos para toxoplasma, es decir, que han estado expuestos al protozoario en algún momento de la vida —y que por lo tanto cargan quistes en sus adentros— y que prueba ser considerablemente mayor, dos o tres veces más grande que la de aquellos pacientes diagnosticados con la patología mental que no lo han estado. Lo que tampoco implica que el invasor sea el factor determinante de que se presente la enfermedad, sino que funge más bien como un catalizador que la puede desencadenar en aquellas personas que ya contaban con algún tipo de propensión genética o con condiciones neurológicas fértiles para que esta florezca.[8]

En su interesantísima revisión del tema, reportada en el libro *This Is Your Brain on Parasites*, la periodista de ciencia Kathleen McAuliffe comenta que el grupo de Stanford descubrió que solo la mitad de las ratas infectadas con toxoplasma en el laboratorio desarrollan quistes en el cerebro; no obstante, todas presentan anticuerpos IgG en su suero sanguíneo. Lo que conlleva dos implicaciones importantes al extrapolar a los humanos. La primera es que presumiblemente el 50% de todas las personas expuestas serán capaces de repeler al patógeno antes de que se asiente dentro de su cabeza. Pero la otra mitad probablemente cargará con entre 200 y 500 quistes del parásito embebidos en su materia encefálica por el resto de sus días, y, sin realizar una serie de estudios altamente especializados, resulta imposible determinar cuáles de las personas que dan positivo a la prueba serológica serán las que resulten afectadas.

Esa es la segunda implicación, contar con anticuerpos (o defensas en el arsenal inmunológico) no garantiza que la invasión no haya dejado sus huellas en forma de quistes latentes en los tejidos. Más bien al contrario, lo que indica es que el sujeto en cuestión tiene el 50% de probabilidad de cargar con el invasor a cuestas, como un volado vaya, y si me apuran, un giro de la moneda en el que la apuesta es bastante elevada, puesto que no existe un tratamiento para erradicar los quistes del cerebro. Yendo aún más lejos, hay expertos en esquizofrenia como el psiquiatra Edwin Fuller Torrey, del Instituto de Investigación Médica Stanley, y Rob Yolken, neurovirólogo y pediatra del Johns Hopkins University School of Medicine, que postulan que un gran número de casos de esquizofrenia podrían tener un origen infeccioso, no solo debido al toxoplasma, sino también a otros agentes virulentos como la rubiola, la influenza, el herpes, el virus Epstein-Barr, etcétera. Y que a lo que pareciera estar ligado el componente genético asociado al desarrollo de la enfermedad —la propensión o factor de riesgo que corre de manera hereditaria en ciertas familias— es a una carencia de las defensas necesarias para evitar que este parásito, u otros patógenos, invada el cerebro.

Dichos quistes de toxoplasma no solo tienen la facultad de secretar cascadas de dopamina y alterar la producción de diversas hormonas, sino que generan una respuesta inmunológica local, que arrastra su propia serie de consecuencias. Tan solo la inflamación puntual de ciertas áreas de la red neuronal —recordemos que estamos hablando de entre 200 y 500 quistes, y que la masa encefálica es tremendamente sensible a los cambios de cualquier tipo, no se diga a las permutas de volumen por la hinchazón en su configuración basal— podría generar complicaciones, sin mencionar el desbarajuste de neurotransmisores que suscitan. El investigador Andrew Evans lo pone de la siguiente manera en la entrevista que sostuvo con la periodista Kathleen McAuliffe:

> El parásito va a estar alterando la dopamina, el GABA, el glutamato y otros neurotransmisores clave en 200 lugares diferentes del cerebro, por lo que no es sorprendente que vaya a estar influenciando sutilmente el comportamiento humano [...] Yo sí me tomo en serio esos reportes de incrementos en la tasa de suicidios y el desarrollo de esquizofrenia relacionados con el parásito. Ciertamente es plausible que el organismo pueda exacerbar una condición mental subyacente.[9]

De forma similar, parece haber una relación importante con el caso del trastorno bipolar (a veces denominado como síndrome maniaco/depresivo), así como con la tendencia hacia la personalidad compulsiva y proclive a desarrollar adicciones. Todas las cuales son afecciones que, si lo meditamos un poco, en gran medida tienen que ver precisamente con la dopamina y con alteraciones a ese sistema de recompensa del cerebro mamiferoide que el toxoplasma sabe *hackear* con maestría.[10]

En relación con la esquizofrenia me viene a la cabeza un par de apuntes con los que me crucé durante mi investigación. El primero es de carácter histórico y corresponde a la coincidencia entre el incremento de casos de esquizofrenia y el alza de la presencia de gatos como mascotas en la Europa del siglo XIX. Se debe tomar en cuenta que, antes de las primeras décadas de tal siglo, los felinos no eran favorecidos como animales de compañía, salvo en el Imperio egipcio y en menor medida en el persa. Ciertamente había ejemplares en las ciudades, pero más del tipo asilvestrado que rondaba las poblaciones humanas desde que sucediera su parcial domesticación en el Medio Oriente hace unos nueve mil años.[11]

Sin embargo, el panorama cambió rotundamente a partir de 1840, momento en el que ciertos miembros de un sector de la sociedad comenzaron a adoptarlos y a meterlos dentro de sus casas, y estos fueron ni más ni menos que los artistas, escritores, poetas e intelectuales que integraban el excéntrico gremio que frecuentaba los cafés y cabarés del París y el Londres bohemios y que dieron inicio a una tendencia que pronto se convertiría en moda y que perdura hasta nuestros días. El punto es que, entre 1860 y 1880, el furor gatuno se extendió no solo por otras ciudades francesas y del Reino Unido, sino también por otras naciones europeas. Curiosamente, otra cosa que se incrementó durante esas décadas —de manera proporcional al número de gatos presentes en los hogares— fue la cantidad de pacientes diagnosticados con esquizofrenia.[12]

Claro que tampoco podemos dar por concluido que esa haya sido la causa directa del aumento de casos registrados, porque la contigüidad de factores no implica por fuerza correlación. No hay que pasar por alto que, como señala Michel Foucault en *Historia de la locura en la época clásica* (cuyo escenario de indagación es precisamente el París decimonónico), los diagnósticos psiquiátricos comenzaron a formalizarse más o menos por la misma época, demarcando así a distintos grupos de personas bajo ciertos parámetros y síntomas, y al mismo tiempo aparecieron instituciones que comenzaron a clasificar a los «desviados, anormales, etcétera», por lo que es posible que sea también debido a este motivo clasificador, y no necesariamente solo al toxoplasma transmitido por los gatos, que se haya registrado el auge trepidante de aquellos etiquetados como «esquizofrénicos».

El segundo apunte es de tipo farmacológico. En condiciones de laboratorio se ha observado que cuando a las ratas infectadas con toxoplasma les son administrados medicamentos antipsicóticos —como aquellos empleados para tratar la esquizofrenia en humanos— la manipulación mental del parásito se ve interrumpida de manera temporal y los roedores vuelven a mostrarse más nerviosos y precavidos, sin mencionar que huyen a toda costa de la orina felina mientras se extienda la acción del medicamento. Por otro lado, se ha demostrado que la ecuación parece funcionar de forma semejante, pero en sentido inverso, ya que cuando los pacientes esquizofrénicos son tratados con fármacos antiparasitarios —del tipo que resultan efectivos para atacar a los protozoarios— algunos de sus síntomas y alucinaciones se apaciguan transitoriamente, pues los quistes del parásito son sumamente difíciles de erradicar por completo.

Cambios en la conducta

Respecto a otros cambios en la personalidad, comienza a establecerse un vínculo cada vez más evidente entre la presencia del parásito en el cerebro y ciertas alteraciones conductuales sutiles, aunque con consecuencias potencialmente desastrosas. Para empezar, los datos sugieren que la presencia de toxoplasma aumenta la probabilidad de sufrir accidentes vehiculares. Esto porque las personas infectadas, al igual que sucede en el caso de las ratas, tienden a comportarse de manera menos prudente. Digamos que son menos precavidas y en general toman más riesgos que aquellas que no lo están. Por ejemplo, correr a bordo de motocicletas de forma desenfrenada. Además, también podría entrar en juego la posibilidad de que, debido a la inflamación que ocasiona el toxoplasma en el cerebro, se atenúe la velocidad de reacción de aquellos que lo albergan. Y entre una cosa y la otra, se registra un incremento marcado de la probabilidad de acabar envuelto en un siniestro vial.[13]

Hace varias décadas, de hecho, la noción de la alta prevalencia de toxoplasma en casos de accidentes vehiculares constituía una especie de verdad a voces dentro de los servicios de emergencia médica, en el sentido de que cuando se recibían accidentados mortales de motocicleta o automovilistas en los hospitales, antes de mandar los órganos a donación solía girarse la instrucción de escanearlos minuciosamente en búsqueda de quistes, pues ya se había notado que muchas veces los presentaban.

Cuando leo esos estudios que correlacionan la presencia del parásito con una mayor toma de riesgos y percances fatales, tales como los que se han llevado a cabo con accidentes de tráfico en diversas ciudades europeas, estadounidenses, turcas y en la zona metropolitana de Guadalajara, Jalisco, en 2013,[14] no puedo evitar pensar en el temerario grupo de personas que practican el salto BASE de paracaídas con esos trajes como de ardillas voladoras y cuyo chiste consiste en dejarse caer al vacío desde pendientes elevadas para surcar los aires en caída libre, prácticamente rozando la pared de roca. Una de las actividades deportivas con el índice de mortandad más elevado del mundo: uno de cada 60 participantes perece en el intento. No por nada suele considerarse como el deporte más riesgoso de todos; aunque el verdadero récord se lo lleva el alpinismo de alta montaña, pues se estima que por arriba de los seis mil metros muere uno de cada 10 escaladores. Pero ahí las razones son distintas, existe el llamado de la exploración, de poner a prueba el cuerpo y el espíritu y contemplar el mundo desde sus cimas. El gancho del salto de ardilla, en cambio, pareciera ser el puro riesgo involucrado en fantasear con el vuelo mientras se despeña uno sobre la montaña.

¿Adictos a la adrenalina? Desde luego, pero ¿y si hubiese algo más en juego? No lo sé a ciencia cierta, pues hasta donde alcanzan mis búsquedas en la bibliografía académica parece que nadie lo ha estudiado todavía, pero algo me dice que probablemente ahí tengamos una de las fracciones de la población con mayor incidencia de toxoplasmosis.

Finalmente, algunos investigadores afirman que los cambios conductuales relacionados con esta desinhibición podrían incrementar el riesgo de suicidio en las personas que se encuentran deprimidas o que tienen tendencias suicidas, como lo sugiere un estudio llevado a cabo en mujeres de 25 naciones europeas,[15] mientras que también hay quienes sugieren que podría haber un efecto relacionado con la pérdida de la libido y el auge del asexualismo en ciertas comunidades.

Se abre entonces un sinfín de interrogantes: si el toxoplasma es capaz de allanar nuestra voluntad de esta manera, ¿qué otras fieras microscópicas podrían estar incidiendo en nuestro comportamiento? ¿Somos completamente responsables de nuestras acciones, tenemos libre albedrío? ¿Quiénes o, mejor dicho, qué genes, nos están comandando? ¿Será acaso que la ascensión de la humanidad no es más que el resultado de una compleja estrategia evolutiva ajena a nuestra especie? Para no fugarnos por completo del tren de pensamiento, la pregunta relevante quizá sería: ¿cómo es posible que un invasor unicelular posea tanta jurisdicción sobre el poderoso cerebro humano?

Claro que, si nos detenemos a reflexionar un poco, la verdad es que los cerebros de los mamíferos se parecen bastante entre sí. Posiblemente, desde el punto de vista del parásito, no seamos tan distintos de las ratas como nos gusta considerarnos. Pero, por si hiciera falta abonar evidencias a la posibilidad de que el toxoplasma podría estar interfiriendo en nuestro funcionamiento cerebral incluso de manera premeditada, podríamos mencionar que se ha observado que los chimpancés —nuestros parientes vivos más cercanos— infectados por el parásito dejan de percibir la orina de los leopardos como una amenaza. Es decir que sucede algo similar a lo que se registra con los roedores y los gatos domésticos, y, por consiguiente, aumenta la probabilidad de que los felinos se coman a los monos y que así el parásito consiga llegar a su ansiado hospedero definitivo.

Como ya había mencionado brevemente en el relato correspondiente al gusano del sushi, no hay que pasar por alto que durante buena parte de nuestra historia evolutiva —e incluso hoy en día en ciertas zonas del globo terráqueo, como regiones rurales de la India y algunas naciones africanas—, el *Homo sapiens* siempre ha figurado como una presa habitual dentro del menú de distintos felinos. Lo cual, de acuerdo con el divulgador Rob Dunn, parece apuntar a que probablemente después de todo no seamos simplemente hospederos casuales del parásito, sino una opción más de los múltiples hospederos intermediarios y/o paraténicos a su disposición.[16]

En el esquema general

Cerremos citando otro aspecto desconcertante de la toxoplasmosis, que pudiese ser el más desconcertante mencionado hasta ahora y que de alguna manera pareciera anunciar que podríamos encontrarnos en la antesala de un vuelco de paradigma. Y es que, en experimentos con ratas, se ha registrado un hallazgo que pone las cosas de cabeza, dado que los machos infectados tienen un mayor éxito reproductivo que aquellos sanos. Un fenómeno que parecería contraponerse a las preconcepciones sobre las normas reproductivas que asumimos que imperan en la floresta. Puesto que una de las constantes etológicas de la zoología es que los organismos tienden a ser muy sensibles y acertados a la hora de detectar posibles enfermedades en sus parejas potenciales, porque de ello depende, en buena medida, que su progenie resulte apta. No obstante, en el caso de las ratas infectadas con toxoplasma esto no solo no sucede así, sino que pasa exactamente lo opuesto: el invasor se las arregla para tornar a sus hospederos en ejemplares más atractivos e incrementa su producción de testosterona, con el pequeño detalle de que el parásito es capaz de transmitirse a través del semen de los roedores.

Llevando las cosas al mundo silvestre, a finales de 2022, una investigación centrada en los lobos del parque nacional Yellowstone, en Estados Unidos —un entorno donde el hospedero definitivo del parásito figura como el puma—, encontró que los especímenes infectados con toxoplasma pueden incluso beneficiarse de sus efectos sobre el temperamento. Ya que, al tornarse más audaces y temerarios, resultan mejores candidatos para convertirse en machos o hembras alfa, en otras palabras, los líderes de la manada.

También se reportó que los lobos jóvenes expuestos al parásito parecen ser más propensos a abandonar su manada de manera más temprana y dispersarse para buscar nuevos territorios u otras manadas, lo que puede llevar a que tengan mejores posibilidades de supervivencia o, a veces, a que terminen en las fauces de algún puma. Kira Cassidy, una de las autoras del estudio, declaró: «Puede haber algunos casos en los que los lobos o incluso su manada tengan mucho éxito porque están empujando estos límites y están asumiendo más riesgos».[17] En humanos aún no se han realizado las investigaciones correspondientes, pero es seguro que este campo representa material sustancioso pues, de suceder de algo similar, las implicaciones serían simplemente insólitas y nos obligarían a tener que cuestionarnos algunas de nuestras certidumbres más básicas.

Por último, tampoco me gustaría dejar el mensaje equivocado. No se trata de satanizar a los gatos, los cuales, pese a ser los hospederos definitivos del toxoplasma y encima representar una amenaza considerable para la biodiversidad —en el sentido de que las especies introducidas o invasoras, notablemente los gatos domésticos ferales, fungen hoy en día como la segunda mayor causa de pérdida de biodiversidad a nivel global—, también son compañeros de vida invaluables para millones de personas, incluyéndome yo entre ellas, y acompañantes de viaje de nuestra especie desde hace miles de años.

Además de que, sacarlos por completo de nuestra sociedad, representa una tarea espinosa. Tal y como quedó demostrado durante la Edad Media, época en la que los gatos fueron presa de persecución en el continente europeo, pues las mentes inquisidoras dictaminaron que estos felinos eran animales propios del demonio: mascotas de brujas que debían arder en hogueras junto con sus dueñas. Esta cacería desbocada trajo consigo un auge trepidante en las poblaciones de ratas y gerbiles locales, cuyas pulgas desencadenaron la brutal pandemia conocida como la «peste negra» en el siglo XIV, enfermedad de origen bacteriano relacionada con la peste bubónica que entre 1347 y 1353 asoló Europa, Asia y el norte de África. Se estima que la epidemia terminó con la vida de alrededor de 30 millones de personas, con algunas localidades que perdieron hasta el 50% de su población debido a ello. Pero esa es otra historia.

Mi abuela y los gatos

A ratos, sobre todo en las mañanas, cuando preparo el desayuno de las tres personas que habitamos en esta casa, y Mapache y Mangostina —los gatos que nos acompañan— reclaman sus croquetas, me gusta entretenerme en la idea de que si cada obra pudiese ser vista como una sola imagen entonces esta, que estoy desarrollando aquí, tendría que adoptar la apariencia de un ciclo de vida. Pensemos en una de esas láminas que tejen interrelaciones entre los distintos estadios de desarrollo de cierto organismo, del tipo que pueden encontrarse en los almanaques de medicina o de ciencias naturales, y que van siguiendo los flujos de crecimiento del protagonista conforme este se transforma con cada salto hasta que, al engendrar a más de su clase, el ciclo vuelve a su origen y se cierra sobre sí mismo. Un esquema existencial, si se prefiere concebirlo de esa manera, pero en este caso representado por un complicadísimo *pop-up* de papel troquelado con solapas que se levantan, pestañas que se hallan y volvelles giratorios. Un intrincado mapa metabólico con ventanas emergentes y suturas visibles. Un delirio estático, para no estirar demasiado el hilo y que se me vayan a quemar las tortillas. Y luego, mientras corto la papaya en cubos, pienso que en la leyenda del pie de figura de este diagrama fantástico que estoy formulando se leería: parásitos y esquizofrenia.

Sin embargo —alcanzo a reflexionar cuando las voces de mi pareja y mi hija se escuchan aproximándose por el pasillo—, dado que lo que tenemos a la mano son las palabras y los párrafos, y no el protoplasma evanescente propio de los sueños o de las alucinaciones (únicos dominios de la conciencia donde realmente resulta factible amalgamar las historias y las obras en una sola imagen), no queda más que proceder de la manera habitual e ir apilando un bloque tras otro —o mejor dicho una escena tras otra— para seguir construyendo el argumento.

Supongo que a estas alturas la pregunta resultará un tanto redundante: ¿la enfermedad mental de mi abuela pudo haberse originado debido al contacto con toxoplasmas? Huelga decir que a mí la hipótesis me suena verosímil. O como mínimo no del todo descartable. No obstante, sin una autopsia o estudios *post mortem* que lo respalden, tampoco es que pueda concluirse de lleno una cosa u otra. Para ello habría sido necesario elaborar un escrutinio minucioso del cerebro de mi abuela cuando aún estaba fresco, para así buscar los quistes y/o huellas de degeneración de la materia gris asociada con la presencia de los protozoarios. Estudios de neuroimagen, para ser más preciso, una resonancia magnética o una tomografía computarizada en la que fuese posible apreciar diferentes cortes del cerebro de Tita de manera digital. Justamente como aquellas que se realizan en el caso de las personas inmunodeprimidas o inmunocomprometidas, aquellas que tienen sida por ejemplo, que se sospecha hayan desarrollado neurotoxoplasmosis, ya que al parecer el toxoplasma muestra gran afición por instalarse en los tejidos nerviosos de tales pacientes. En esta dirección apunta la introducción de *Toxoplasmosis cerebral, hallazgos clave para su diagnóstico por imagen*, publicado por la Sociedad Española de Radiología Médica a raíz del congreso llevado a cabo en Barcelona durante la tercera semana de mayo en 2024:

> [...] en inmunodeprimidos, es la infección oportunista más frecuente a nivel del sistema nervioso central, siendo además la causa más común de lesión focal intracraneal en pacientes VIH+. Ante clínica neurológica en dichos pacientes, es imprescindible una prueba de neuroimagen. Las lesiones cerebrales por *T. gondii* son típicamente multifocales y con realce en anillo, localizadas habitualmente en ganglios basales y unión cortico-subcortical.[18]

Me figuro que la mayoría de quienes leerán estas palabras, de la misma forma en que me ocurre a mí, desconocerán los términos especializados que competen a técnicos expertos en radiología médica (una ciencia que tiene mucho de arte, por cierto) y, por tanto, el párrafo citado no les dirá mucho, pero basta darse un paseo por el buscador de internet para hacerse una idea de las lesiones cerebrales a las que me refiero. Al teclear neurotoxoplasmosis y seleccionar la pestaña de imágenes, lo estoy haciendo por ustedes en este momento, se obtendrá una muestra más que sustanciosa del asunto. Y podrá comprobarse entonces cómo se ven las sombras, los cambios de coloración y densidad, los quistes y los huecos en la materia gris generados por la atrofia cerebral y cerebelosa, así como por las microcalcificaciones, los edemas, las zonas hipodensas, las lesiones numulares y las fotopsias características de las afecciones cefálicas involucradas.

De cualquiera manera, lo anterior queda tan solo como un guiño a la curiosidad, ya que, como decía, en el caso de mi abuela no se llevó a cabo el estudio de imagen correspondiente. Lo que es más, ni siquiera creo que se haya contemplado como una opción que valiera la pena indagar, tomando en cuenta que en 1999, año en el que murió mi abuela, la sola idea de que un parásito tuviese la facultad de manipular la mente humana, ya no digamos desatar patologías mentales, hubiera sonado como fantasiosa, por decir lo menos, ante el consenso psiquiátrico. No obstante, un par de décadas más tarde se sabe que no solo hay parásitos, sino todo un bestiario de microorganismos capaces de traspasar la barrera hematoencefálica y merodear dentro del cráneo. Vamos, que tal y como sucede con el resto órganos y las diversas zonas del cuerpo, el cerebro también cuenta con su macrobioma particular. Resumiendo, de haber contado con la disección radiológica, el asunto podría haberse resuelto en un segundo. Pero me temo que no es tan sencillo.

Si tan solo el aspecto físico pudiese revelar alguna pista valiosa, entonces podría recurrir a la memoria del funeral de Tita. Observar nuevamente su rostro reposando dentro del féretro y desentrañar el misterio. Pero la imagen que se forma en mi mente no muestra mucho más que la severidad de su rostro congelado. Al evocarlo, traigo de nuevo a cuenta su cadáver maquillado y serio, que quizá podría haber proyectado una estampa solemne si no fuese porque todavía llevaba su inseparable liga de goma alrededor de la muñeca izquierda, además de que el dorso de su mano se encontraba decorado con una curita azul celeste con pequeñas caritas de la Rana René. Los detalles, qué sería de nosotros sin esos detalles que ahorita me hacen sonreír. En mis recuerdos noto también que la otra mano del cadáver de mi abuela estaba cerrada en un puño, sus dedos comprimiendo una servilleta de papel o una bola de clínex con fuerza, que, supongo, el rigor mortis no permitió retirar. Como si incluso en la tumba ella tuviese que calmar la brutal ansiedad que le atormentaba, estrujando algo entre las manos como era su costumbre. Qué ganas de liberarla de esa tensión, de decirle que los delirios se acabaron y que ahora sí su descanso será eterno. Después se me ocurre que me hubiera gustado ponerle ahí junto, sobre la felpa interna del ataúd, una cajita de esos dulces de anís que tanto le gustaban.

Luego pienso que exhumar sus restos tampoco nos ayudaría demasiado —en el supuesto, claro, de que se me permitiera desenterrar los vestigios de mi abuela, cosa que dudo mucho—, porque esta es una historia que no queda grabada en los huesos, que como tantas otras sagas parasitarias no fosiliza bien; así que ni para qué hacerle al forense, desechemos de una vez esa idea y pensemos en qué otras opciones tenemos. Inferir por medio de vías menos directas, me parece que esa es la única manera de poder seguir adelante y arrojar un poco de luz sobre mis presentimientos.

Le pregunto a mi madre si sabe algo respecto a si le hicieron análisis de toxoplasmosis a Tita durante alguno de sus cuatro embarazos. Suena como una posibilidad remota, lo sé, pero por algún lado hay que empezar. Marcia, a la que por fin he conseguido, si no convencer, al menos lograr que se abra a la posibilidad de la duda, me cuenta que no fue sino hasta los años ochenta del siglo XX que empezó a practicarse la prueba serológica de rutina, esa misma que le realizaron a Ana Jacoba, para comprobar la presencia de anticuerpos a toxoplasma durante el primer trimestre del embarazo. Lo que significa que ni siquiera cuando mi abuela se embarazó de su última hija, es decir, de mi mamá, se acostumbraba llevar a cabo tales estudios. Así que ese camino queda también truncado.

De forma similar, con su generación ya marchitándose en el árbol genealógico y sin un expediente médico que brinde fe de sus años de infancia, no parece factible corroborar si de pequeña Tita tuvo rubiola, influenza, herpes, virus Epstein-Barr o algún otro de los agentes infecciosos que se ha demostrado son capaces de desencadenar cuadros de esquizofrenia si llegan a penetrar en el cerebro. Y menos factible se antoja todavía tratándose de mi bisabuela, cuyo embarazo de Tita debió haber ocurrido hace ya más de un siglo (alrededor del lejano 1918, según las cuentas de mi madre). Sabrá a cuántos agentes infecciosos pudo haber estado expuesto el feto de mi abuela a lo largo de su gestación, que en últimas consecuencias parece ser el periodo más delicado para el contacto con este tipo de patógenos y el desarrollo subsecuente de enfermedades mentales durante la adultez. Para ponerlo de manera simple: las posibilidades de indagación intrauterina se esfuman ante mis ojos. Ni hablar, habrá que buscar por otro lado.

Finalmente me hago la pregunta que he estado alargando. ¿Mi abuela tenía gatos cuando era chica?

Tras realizar varias llamadas telefónicas y visitas posteriores a diferentes casas, aprovechando la excusa para autoinvitarme a comer satisfactoriamente en cada una de ellas, y de esa forma contar con la oportunidad de conversar ampliamente con mi madre, tíos y tías al respecto (sacando ventaja también para nutrir otras secciones del manuscrito que ahora tenemos entre manos), la verdad es que no consigo información que aclare el cuestionamiento planteado.

En gran parte debido a que, tanto las dos hermanas como el hermano de mi abuela, hace tiempo que murieron. Y ya no queda nadie más que pueda compartir un testimonio de primera fuente. Si acaso mi tío Hugo me cuenta algunas anécdotas sobre mi bisabuelo, don Mariano, el papá de Tita, que era periodista y que durante la Revolución se metió en múltiples aprietos, viéndose obligado incluso a tener que trasladar a la familia de los Altos de Jalisco hasta Chihuahua (supongo que el periodismo de denuncia lleva varias generaciones siendo una profesión particularmente peligrosa en este país). O sea que en buena medida se perdieron los rastros previos a aquella mudanza. Por lo que solo queda especular.

Digamos que basado en las tendencias relativas a las mascotas y a los animales de compañía en mi familia, me refiero a que todos los miembros de la progenie de Tita actualmente compartimos la morada con por lo menos un miembro no humano de la parentela —la mayoría de estos con caninos, algunos cuantos con felinos y, al menos en mi caso, además con boas y peces—, no sería descabellado suponer que nuestros antepasados también lo hicieron. Que probablemente contaban con gatos y perros, si no es que con algún perico o mapache, entre sus filas.

En ese momento me invade el ímpetu de revisar los álbumes de fotos antiguas en busca de algún testigo animal. Pero resulta que tampoco sobreviven tantas fotografías de la época de la infancia de mi abuela en el archivo familiar. Unos cuantos retratos, si acaso, de ella posando junto a sus hermanas y hermano, y más bien del tipo de imágenes que muestran una composición cuidada, en la que los sujetos eran posicionados deliberadamente dentro del cuadro y no capturas de momentos espontáneos con la lente. Es decir que se ve a los chiquillos presumiendo sus mejores galas y, por supuesto, sin mascotas. Me figuro que era algo común para aquella época en la que los fotogramas representaban todo un lujo. De modo que, aunque me hubiese encantado descubrir una imagen de Tita de niña cargando un gran gato peludo entre los brazos, abrazándolo con ese cariño abusivo que los animales solo le permiten hacer a los infantes, y que pudiera revelar una relación potencial de contacto estrecho entre los distintos habitantes de aquella casa en la que vivían antes de mudarse a Chihuahua, la realidad es que dicha imagen solo existe en mi imaginación.

Ahora que, llevando la cuestión todavía un poco más lejos, quizá la pregunta correcta sería: ¿mi bisabuela tenía contacto con gatos cuando estaba embarazada de Tita?

Continúo con mi interrogatorio a la parentela. No obstante, como podrá imaginarse, tampoco resulta una vena muy productiva que digamos. Si de por si la información disponible del tiempo de la infancia de mi abuela es limitada, aquella correspondiente a la generación que le antecedió prácticamente es nula. Lo que sí sé es que mi bisabuela era oriunda de los Altos de Jalisco, y que en los pueblos mexicanos de principios del siglo XX los gatos abundaban. Más que como animales de compañía, desempeñaban una función utilitaria: regular a las poblaciones de roedores (en ese sentido, no está de más subrayar, se presentaba un escenario propicio para la transmisión potencial del toxoplasma). Digamos que no me parece una apuesta demasiado arriesgada imaginar a María de Jesús González, como se llamaba mi bisabuela, entablando un poco más de interacción con el minino del patio que aquella que aconsejaban las buenas costumbres. Quizás acurrucándolo en su regazo para paliar el frío de las madrugadas o simplemente encontrando en aquel ser de pelaje atigrado un poco del cariño incondicional que tanta falta nos hace de vez en cuando. Pero quién sabe. Para no seguir inventando, mejor regreso a las cavilaciones médicas.

De acuerdo con el portal del Servicio Nacional de Salud británico (NHS), se desconocen las causas exactas de la esquizofrenia. Sin embargo, las investigaciones sugieren que una combinación entre factores físicos, genéticos, psicológicos y ambientales pueden hacer que una persona sea más propensa a desarrollarla. En cuyo caso, un acontecimiento vital estresante o de gran carga emocional puede desencadenar un episodio psicótico. Dicho eso, no queda claro por qué algunas personas desarrollan síntomas y otras no.

Siguiendo esa línea no puedo evitar preguntarme por mi tío Humberto y el impacto que pudo haber tenido sobre la salud mental de mi abuela su condición de albinismo. ¿Podrá haber influido de algún modo el hecho de que su primogénito naciera albino en el desarrollo subsecuente de su trastorno mental? Digo, es sabido que se trató de un golpe muy duro para ella. Sobre todo porque, en aquel distante 1939, año en el que nació el Güero, como todos llamábamos a mi tío, el contexto social mexicano era un poco más severo con las fisionomías inusuales que hoy en día. Se trataba, a fin de cuentas, de un entorno abiertamente conservador y dado a prejuicios morales y religiosos de toda índole, donde los señalamientos constituían la norma y se solía colgar la responsabilidad de que una persona fuera diferente a los actos su familia. El caso es que mi tío nunca la tuvo fácil, y eso le generó tanto estrés a mi abuela que incluso llegó a interrumpir su cuarto embarazo para que la falta de melanina en los tejidos —condición que da origen al albinismo— no fuera a repetirse en su progenie. Me figuro que las leyes de la herencia de Mendel no eran precisamente el fuerte de mi abuela.

De cualquier manera, ese aborto producto de las confusiones mendelianas es algo que, cuando menos a mí, me llena de alegría; dado que de otro modo no estaría aquí escribiendo este libro. Lo que quiero decir es que gracias a la interrupción de dicho embarazo fue que mi abuela tuvo después a mi madre. Menos mal que Tita no contara con nociones avanzadas de genética y herencia, de otra forma quién sabe qué hubiera pasado. Y ya entrados en esas, también agradezco que, aunque por motivos completamente diferentes, mi madre haya interrumpido, a su vez, un embarazo seis meses antes de haberse quedado embarazada de mí. Con lo cual creo que podría afirmar que yo soy producto del aborto transgeneracional.

Volviendo al posible evento traumático como catalizador del trastorno, habría que tomar en cuenta que el diagnóstico de mi abuela no ocurrió sino hasta que el Güero tenía 24 años de edad, momento para el cual Tita ya era madre de otros tres hijos, o sea que no lo sé, tampoco parece que el albinismo-estrés consecuente haya sido el factor desencadenante. De lo que no hay duda es que usualmente existe un componente genético involucrado y que muchas veces la enfermedad corre de manera hereditaria en las familias; sin ir más lejos, un estudio llevado a cabo en Dinamarca en 2017 estimó que, con base en datos nacionales de más de 30 mil gemelos, la heredabilidad de la esquizofrenia es del 79%. O si se prefiere, bastante alta. Por eso insisto:

¿qué pasa con los casos aislados? Con esos cuadros, como el de mi abuela, que brotan de imprevisto en un entorno familiar y lo trastocan por completo. De ahí mi persistencia en buscar una posible explicación. Porque, para bien o para mal, mi abuela feroz no solo me marcó a mí, sino que dejó una huella profunda en todos los que la rodearon.

Haciendo un repaso en diversos portales de salud, encuentro estas coincidencias respecto a otras causas potenciales:

- **El entorno.** La exposición a virus o toxinas, o la desnutrición antes del nacimiento, pueden aumentar el riesgo de desarrollar la enfermedad.
- **La química cerebral.** Los problemas con las sustancias químicas del cerebro, como los neurotransmisores dopamina y glutamato, pueden contribuir.
- **Consumo de sustancias.** El consumo de drogas que alteran la mente (psicoactivas o psicotrópicas) en adolescentes y adultos jóvenes puede aumentar el riesgo.
- **Activación del sistema inmunológico.** La esquizofrenia también puede estar relacionada con enfermedades autoinmunes o con inflamación.

Mi madre que, como decía antes, poco a poco comienza a mostrarse menos negativa ante la teoría del toxoplasma, aunque fiel a su perfil científico sin aventurarse a sacar conclusiones apresuradas, me informa que en algunas ocasiones un golpe fuerte en la cabeza también podía figurar como un factor determinante, y me recuerda que cuando Tita era niña se la pasaba encaramada en los árboles, o eso era lo que contaban sus hermanas. ¿Podría haberse caído de una altura considerable?

En resumidas cuentas, simplemente hay demasiadas posibilidades. Tantas, que por un momento me sorprende el hecho de que no haya más personas con esquizofrenia en el mundo. De acuerdo con la OMS, esta enfermedad afecta a una de cada 300 personas a escala mundial, o sea más o menos a 27 millones de personas. Me pregunto ¿cuántos de esos millones de casos responderán a agentes contagiosos? A lo mejor no estamos tan lejos de poder comenzar a averiguarlo, conforme el naciente campo de la neuroparasitología humana siga creciendo y se vayan multiplicando los estudios.

«En los últimos 10 años muchos estudios independientes han demostrado que esta enfermedad parasitaria podría ser indirectamente responsable de cientos de miles de muertes debido a sus efectos sobre los accidentes de tráfico, accidentes laborales y suicidios. Además, la toxoplasmosis latente es probablemente uno de los factores de riesgo de padecer esquizofrenia»,[19] escribe el doctor y autor Michael Greger en *La toxoplasmosis y la esquizofrenia*, su entrada al respecto en el portal NutritionFacts.org, donde elabora un recuento breve —actualizado hasta agosto de 2023— y ofrece datos como los siguientes:

> estudios realizados durante cinco décadas en 20 países mostraron que la infección por toxoplasma casi triplica las probabilidades de esquizofrenia, «que es más que cualquier "gen de esquizofrenia" que se haya descrito hasta ahora». Ahora bien, no todos los que contraen este parásito en su cerebro desarrollan esquizofrenia. Depende de dónde exactamente

en el cerebro se instale el parásito. Pero se demostró una «mayor prevalencia de toxoplasmosis en esquizofrénicos en al menos 50 estudios…».[20]

Por lo pronto, dado que tampoco es posible descartar la hipótesis por completo (de hecho, día con día parecieran sumarse nuevas evidencias), yo me quedo con la idea de que las fieras interiores que devoraban los pensamientos de mi abuela pudieron haber emanado por el roce con los tripulantes de las entrañas. Lo cual ya no sé si me reconforta o, más bien, me deja un tanto más perturbado.

SECUESTRADORES DE MENTES Y MAESTROS TITIRITEROS

⑤ Los crustáceos infectados son ingeridos por el segundo hospedero intermediario, usualmente peces pequeños.
⑥ Los peces depredadores (huéspedes paraténicos) comen peces pequeños; la plerocercoide invade el tejido.
Las larvas procercoides que liberan los crustáceos se vuelven en larvas plerocercoides.
④ Las larvas procercoides maduran en la cavidad corporal de los crustáceos.
⑦ El huésped definitivo ingiere las plerocercoides en el pescado infectado.
Muchos mamíferos y aves que se alimentan de peces son hospederos definitivos.
Escólex
⑧ Adultos en el intestino delgado.
③ Los coracidios eclosionan los huevos y son ingeridos por el primer hospedero intermediario, los crustáceos.
② Los huevos se embrionan en el agua.
① Los huevos no embrionados se expulsan en las heces del hospedero intermediario, usualmente peces pequeños.

Cuando descubrí todo lo que he mencionado sobre el toxoplasma, resultó imposible no expandir la búsqueda hacia otros posibles invasores corporales capaces de allanar la mente de sus hospederos y causar estragos sobre el comportamiento. Indagación que pronto abrió un nuevo agujero de conejo en el cual tirarme de cabeza. Tampoco hizo falta indagar demasiado, ya que encontré muchos, pero muchísimos casos de pautas existenciales acordes con la manipulación neuronal. Y no hace falta mencionar que, desde entonces, Ana Jacoba y yo nos hemos dedicado a coleccionar sus peculiares historias de vida. De hecho, en paralelo con la búsqueda de posibles nombres para nuestra hija, cuya gestación estaba a punto de llegar a su término, ese era uno de nuestros entretenimientos preferidos para paliar los insomnios de la panza, como le llamábamos a las horas de duermevela producidas por la incomodidad involucrada en cargar a un feto de más de 30 semanas dentro del vientre. De esa manera, mientras la pirañita daba volteretas y patadas dentro del útero de su mamá, y Ana Jacoba sufría por los bochornos y sofocos producto de los niveles hormonales y del incremento del flujo sanguíneo implícitos en crear a una persona, conseguíamos matar las horas de la madrugada.

Recuerdo que de aquellos parásitos que conciernen a los humanos, los que más despertaron nuestra inquietud fueron el *Toxocara canis* y el *Toxocara cati*, nemátodos oriundos de los perros y de los gatos respectivamente, que de un tiempo para acá han ganado cierta notoriedad entre el gremio dedicado a la salud pública por su relación con afecciones en las habilidades de aprendizaje de los infantes expuestos; una cuestión que, como padres debutantes, nos pareció meritoria de atención. Por si no fuera ya suficiente con el millar de cuidados que pronto deberíamos atender, como para que, encima, hubiese que preocuparse por que a la evolución se le había ocurrido que el buen toxoplasma no estuviera solo en sus poderes de dominio neuroparasitológico humano. Sucede que estos invasores corporales no solo se parecen en el nombre, sino que, además del letargo en el aprendizaje, la toxocariasis también podría estar relacionada con la esquizofrenia, la epilepsia y otras afecciones de carácter neurológico. Me temo que en tales menesteres apenas estamos vislumbrando la punta del iceberg.

Si bien la toxocariasis es producida por larvas de gusanos redondos ascáridos, mientras que la toxoplasmosis corresponde al gremio de los protozoarios, es decir, grupos de organismos no emparentados filogenéticamente entre sí, la evolución encaminó a que ambos parásitos adoptaran un ciclo de vida sumamente parecido, valiéndose de la misma clase de hospederos intermediarios para llevar a cabo su secuencia de etapas morfológicas. Por lo que, tras lo abordado en capítulos previos, supongo que podrá imaginarse que la propagación actual de toxocaras también es masiva.

De hecho, en estudios preliminares de seroprevalencia (el número de personas de una población que dan positivo para una enfermedad específica con base en muestreos serológicos o de sangre) se ha encontrado que en Estados Unidos esta es del 5%, en Corea del Sur del 50%, mientras que en algunas naciones africanas alcanza hasta el 80%. O sea que se trata de otro de esos huéspedes anatómicos cuya incidencia en la población mundial contemporánea, si bien generalmente ignorada, resulta, por decir lo menos, consternante. Dicho lo anterior, no desarrollaré mucho más al respecto, debido a la semejanza etológica que muestran con el toxoplasma. Pero definitivamente se recomienda extender la búsqueda y en zonas de riesgo mejor abstenerse de permitir que nuestras infancias jueguen en los areneros públicos (ya que no es infrecuente que los gatos semidomésticos y/o feralizados los empleen como baño).[1]

Para fines de no sustraernos al sesgo antropocéntrico, y cometer así el error de centrarnos únicamente en la diminuta fracción de este tipo de parásitos que aquejan a las personas, quizás haya llegado el momento de volver a abrir el encuadre y dirigir la atención hacia los linderos más intrigantes de su estirpe. Terrenos en los que nada es lo que parece y donde la posesión psíquica es cosa de todos los días. Y es que, de la inmensa diversidad que caracteriza a los tripulantes de las entrañas (recordemos que, de acuerdo con algunas estimaciones, las especies parasíticas superan a las de vida libre a razón de cuatro a uno), sin duda los más intrigantes y extraordinarios son aquellos que convierten a sus hospederos en marionetas. Maestros del teatro guiñol zoológico que, valiéndose de proteínas, hormonas y neurotransmisores introducidos hábilmente dentro del cerebro de quienes los hospedan, poseen la gracia de poder reescribir las pautas marcadas por el instinto y conducir las acciones del animal que esté bajo su influjo hacia tareas insospechadas.

Imaginemos qué podría decir el cartel promocional de este extravagante espectáculo de variedades, si es que se presentase en uno de esos circos itinerantes del siglo pasado, los icónicos *freak shows* que hacían de las posibilidades anatómicas materia escénica. Quizás anunciaría algo como esto:

> *El extático circo de las telarañas mentales tiene el gusto de traer para ustedes a los fabulosos magos del artegio sináptico, prestidigitadores que alteran drásticamente la conducta, quebrantan el sano juicio y aniquilan el libre albedrío de quienes les brindan morada involuntaria. No deje pasar esta oportunidad única de presenciar en carne propia la desgarradora fuga del tritón del Borneo, al insaciable gusano gordiano de los grillos suicidas y a la intempestiva avispa escarlata de doble ala que esclaviza a tarántulas peludas varias veces más grandes que ella…*

En casos extremos, algunos de estos parásitos proceden a castrar químicamente al espécimen que han subyugado o reconfiguran sus atributos fisionómicos de manera definitiva: cambian su color o deforman sus apéndices e, incluso, atentan contra la propia vida del infestado, llevándolo llanamente a suicidarse o a ofrecerse como carnada tentadora ante posibles depredadores, pues en su muerte reside la clave necesaria para que el parásito pueda continuar con su desenfrenada comedia existencial y alcanzar, así, la siguiente etapa de su ciclo de vida.

Intrusos de los tejidos con cualidades realmente asombrosas, como poder convertir a los individuos que los llevan dentro en acróbatas de su teatrino personal. Piezas de juego en el trastornado e interminable ajedrez de la supervivencia. Los zombis sí existen, pero no están a merced del vudú, sino que obedecen ciegamente los comandos de hilos químicos accionados desde sus adentros por una serie de criaturas invertebradas. Gremio distinguido del teatro de las sombras que respiran, dramaturgos ilustres del circo de los títeres vivientes, un conjunto heterogéneo de domadores de fieras entre los que figuran gusanos, hongos, insectos y protozoarios que, tras irrumpir e instalarse en las entrañas ajenas, esgrimen su peculiar oficio de directores de orquesta anatómicos y ejercen un fino control neuronal sobre sus anfitriones, lo que impulsa a estos últimos a cometer actos que de otra manera serían inconcebibles para su naturaleza.

Quizá lo más parecido que tenemos los humanos a este fastuoso poder, o que al menos nos permite vislumbrar un fenómeno análogo al secuestro de la voluntad del que son presa las víctimas de los parásitos titiriteros, es el poderoso efecto psicoactivo desatado por la «escopolamina». Un alcaloide tropánico con propiedades neurotóxicas, presente en la burundanga o borrachera colombiana —planta del género *Brugmansia*, que incluye también al floripondio y que está emparentado con la *Datura*, género del toloache y sus semejantes—, utilizada tradicionalmente con fines rituales o alucinógenos, y en tiempos recientes: criminales. Ya sea que el polvo con escopolamina sea vertido en el trago de algún comensal incauto en un bar o directamente soplado a la cara de algún transeúnte en plena vía pública, el resultado es el mismo: tras la exposición, el afectado pierde la capacidad de decidir sobre sus acciones y queda totalmente a disposición de las instrucciones que le sean encomendadas por quienes lo estén manipulando. Es como una especie de lobotomía transitoria, sin embargo, curiosamente, las demás habilidades cognitivas y motoras no se ven afectadas, por lo que el poseído es perfectamente capaz de revelar códigos de seguridad de cuentas bancarias, suministrar información comprometedora, e incluso, se presta con gusto a conducir a sus secuestradores a su propia residencia y entregarles todas sus pertenencias.[2]

Volviendo a la cartelera de los parásitos que dominan también el arte del funámbulo y que han sido conducidos por la evolución a llevar ciclos de vida sinceramente descabellados, que en muchas ocasiones involucran allanar la morada anatómica no de uno, sino de una serie de hospederos diferentes (no basta con doblegar psíquicamente a la criatura particular que funja como su hospedero definitivo, sino que, antes, hay que hacer lo mismo tratándose de otros protagonistas, dentro de los cuales el artífice va atravesando por las metamorfosis intrínsecas a las distintas fases de su desarrollo). Así pues, el también exótico trapecista, docto en materia de los malabares a distancia y escapismo, va saltando de un organismo al siguiente: transmitiéndose a sí mismo a lo largo de la cadena alimenticia embebido en las jugosas carnes de sus caballos de Troya. Y a veces, sin saberlo, siendo él mismo presa de una estrategia de manipulación paralela que acontece en sus adentros, pudiendo suceder que un «parásito de parásitos» o algún virus o bacteria lo esté controlando a él y que entonces el juego de telones sea un verdadero galimatías que remite a esas *matrioskas* rusas, en las que cada una de las muñecas superpuestas está utilizando a la siguiente en tamaño como su vehículo de transferencia. O, si se prefiere emplear términos más adecuados para la indagación biológica, como su «fenotipo extendido».*

Claro que los seguidores de Richard Dawkins, quien acuñó este término, argumentarían que finalmente en la capa más profunda, en la *matrioska* más pequeña e irreductible, están esos famosos genes egoístas, los artífices supremos, los verdaderos maestros de maestros titiriteros, responsables de que exista todo el resto del elenco y que la gran ópera de la vida siga esponjándose hacia el infinito. Pero tampoco se trata de complicar tanto las cosas, es casi seguro que nunca sabremos realmente quién es el que controla a quién en el implacable baile de máscaras. Por ahora el punto relevante es que, durante el proceso de desplazamiento faunístico, el maestro titiritero transforma a cada uno de los anfitriones en sus marionetas, disfraces que maniobra a placer para continuar con su estrategia teatral y alcanzar la siguiente parada en el tablero circular de su existencia.

Así que, sin más, abramos este breve catálogo de historias de manipulación cerebral, obras del guiñol orgánico que se escenifican cotidianamente en la floresta y no pocas dignas de escenas ionescas o de *El tablero de las pasiones de juguete*.[3]

Se abre el telón…

---

* Este concepto se refiere a los atributos que van más allá de los rasgos estrictamente físicos de un organismo pero que desempeñan un papel fundamental en la interacción con su entorno y supervivencia. Un ejemplo clásico de fenotipo extendido serían las telarañas o los montículos de las termitas.

Leucochloridium paradoxum, el gusano que desquicia a los caracoles

Este titiritero que gusta de la pantomima, quizás uno de los más célebres de su clase, se reproduce dentro del aparato digestivo de distintas aves, las cuales figuran como sus hospederos definitivos. Posteriormente, las larvas son expulsadas a través del excremento del pájaro infestado y aterrizan —tiro parabólico mediante, como de hombre bala— sobre el follaje. La larva busca entonces el brote más apetitoso de materia vegetal que esté a su alcance, ya que solo podrá pasar a la siguiente fase de su ciclo de vida si un incauto caracol se la devora junto con el alimento que consume a mordiscos. Si es que lo consigue, comienza la función. El actor se prepara, despliega sus hilos químicos y toma el control del molusco. Secuestra su mente y la manipula para que dé las órdenes pertinentes para encauzar al caracol a abandonar la seguridad de su guarida y posteriormente lo conduce a trepar hasta las copas de los árboles, sitio en el que aumenta la probabilidad de que alguna ave lo atrape y así el gusano pueda completar su ciclo de vida.

Sin embargo, el maestro titiritero es precavido y para no dejar una cuestión tan apremiante a la suerte, realiza uno de los actos con apariencia más extravagante dentro del reino animal. Lo que sucede es que el gusano se interna dentro de los tentáculos oculares del caracol, los inflama a varias veces su tamaño habitual y comienza a dar vueltas en espiral sobre su propio eje, ocasionando que del rostro del caracol —ya de suyo enigmático— se disparen dos reguiletes coloridos y cilíndricos de rotación cíclica, que remiten a esos pilares rojo con azul que penden en el exterior de las barberías clásicas, señuelo que atrae a las aves de manera sumamente efectiva, pues emula a las gusanas ciegas que figuran como su merienda favorita, y el resto es historia conocida.[4]

Spinochordodes tellinii, el gusano gordiano de los grillos suicidas

La diminuta larva del gusano gordiano, otro maestro del tablado de la manipulación mental, penetra en sus víctimas, grillos de especies diversas, a través de su aparato digestivo. Dentro de estos se desarrolla apaciblemente, robando el alimento que consume el infestado para así pasar de pequeña larva a la etapa adulta: un gusano delgado y largo como un cabello humano, que puede rebasar los 10 centímetros de longitud; con el pequeño detalle de que solamente puede reproducirse dentro del agua, así que cuando llega el momento de buscar pareja, el titiritero consumado secreta ciertas proteínas que confunden la mente de su anfitrión y lo hacen comportarse erráticamente. Cuando el grillo se aproxima a un cuerpo de agua, el hábil artista lo incita a que salte dentro del líquido con devoción y se suicide.

Es entonces, una vez sumergido en el líquido, que el gusano procede a emerger del cadáver de su hospedero, realizando un acto de escapismo enervante. Dado que usualmente las dimensiones del invasor exceden por varias veces a las del grillo, la escena invariablemente agita al observador como si se tratara de una ensoñación sombría de H. P. Lovecraft. Postal digna de los encantadores de serpientes del Sinaí. El caso es que una vez abandonada la marioneta que lo vistiera, el hábil volantinero se encomienda finalmente a los elíxires del erotismo y la reproducción.

Cabe remarcar que los grillos parasitados no son la excepción en el entorno donde habitan, lejos de ello, algunos autores japoneses han reportado que existen sistemas cercanos a riachuelos en los que los grillos ahogados por estos gusanos constituyen más del 70% del alimento de los peces locales; lo cual hace resonancia a dos aspectos mencionados con anterioridad en este libro: que los parásitos son un factor sumamente influyente en la ecología en sentido amplio y que, con cada movimiento que acontece sobre el tablero del interminable ajedrez existencial, los senderos se bifurcan hacia nuevas oportunidades de que la vida prospere.

Ophiocordyceps unilateralis, el hongo que esclaviza a las hormigas

Este hongo que invade hormigas de distintas especies accede a sus víctimas a través de esporas microscópicas. Una vez dentro de ellas crece y desarrolla su micelio, filamentos mucilaginosos que toman el control de su hospedera. Después, en contra del más básico instinto de supervivencia por parte de la hormiga anfitriona, el hongo marionetista la obliga a engullir fragmentos de hojas venenosas. Y cuando el insecto se encuentra convaleciente, lo fuerza a buscar las alturas de las ramas. Arrastra sus seis extremidades, manejándolas como si fuese un mecanismo alegórico, para que suba lo más alto posible y posteriormente hace que se ancle sobre la vegetación y solo entonces permite que muera.

Vista desde afuera, quizá podría dar la impresión de tratarse tan solo de una hormiga muerta más, pero en realidad es una bomba de tiempo. Y es que, al poco rato de que la hormiga ha caído derrotada, tiene lugar la desconcertante revelación: el antes imperceptible hongo emerge a través de la cabeza de su víctima, perforando su exoesqueleto y desplegando un esporoma o cuerpo frutal alargado y puntiagudo tipo champiñón que desperdigará las esporas que, a su vez, invadirán a más hormigas. El asunto de la altura responde al cometido del parásito de que sus valiosas esporas alcancen el radio de acción más extenso posible.

Ahora bien, la diversidad de estos hongos, del género *Cordyceps*, no se limita en exclusiva a las hormigas —que, sumando poco menos de 14 mil especies a nivel mundial, tampoco es poca cosa—, sino que existen otras variedades especializadas para invadir avispas, escarabajos, moscas y muchos otros tipos de insectos (en las ramas de la ficción contemporánea, incluso han servido como inspiración para generar un mundo especulativo en el que una brutal pandemia fúngica de este tipo de hongos —que mutan para invadir a las personas— pone a la humanidad de cabeza: *The Last of Us*, franquicia que cuenta tanto con un videojuego como con una serie de éxito global). Sea como sea, en cualquiera de sus formas, lo que se repite es la turbadora secuencia en la que, a partir de la carcasa de un organismo por lo demás aparentemente sano, de pronto emergen disparados turgentes champiñones.

Parasitica, la superfamilia de avispas que convierten a los artrópodos en sus zombis

Pareciera que los himenópteros se inclinan por las vertientes del oficio titiritero a distancia, en el sentido de que, aun sin estar propiamente dentro o siquiera en contacto directo con sus marionetas, son capaces de hacerlas realizar trucos fantásticos —digamos que han perfeccionado el oscuro arte de crear muertos vivientes, tan socorrido por chamanes y brujos desde tiempos ancestrales—. Los casos de avispas parasitoides que se valen de convertir a algún insecto o arácnido despistado en su zombi personal no son excepciones en la naturaleza, al contrario, la posesión psíquica y corporal de otros artrópodos representa una estrategia más bien frecuente entre el grupo, sumando aproximadamente unas 650 mil especies distintas de avispas las que la llevan a cabo (para tener una perspectiva de qué tantas son, podríamos considerar que exceden con creces al número total de especies de plantas conocidas en el planeta, cifra que ronda las 390 mil).[5]

Por si no fuera suficiente, cada una de estas avispas ha ido refinando sus hechizos de parálisis y manipulación mental hasta alcanzar límites de especialización verdaderamente insólitos, lo cual consiguen a través de una farmacopea de quimioterápicos de especificidad y eficiencia envidiables. Todo esto, por supuesto, siguiendo esa pulsión ineludible que guía a todo ser vivo: multiplicarse. La avispa de ojos verdes, *Dinocampus coccinellae*, por ejemplo, utiliza las catarinas a manera de incubadora y niñera para sus crías. Mamá avispa primero localiza a una candidata idónea, quizás un ejemplar un poco más robusto y bermellón que el resto (aunque ignoro cuáles serán los atributos realmente favorecidos por las afanosas avispas); después, se abalanza con determinación sobre la elegida y en un solo movimiento certero y veloz le introduce su afilado aguijón entre la cabeza y el tórax. Por medio de este estilete la avispa deposita un huevo y un paquete de químicos en el interior del insecto moteado y se retira de la escena. Durante algunos días la catarina actúa normalmente, ignorando por completo que el alimento que consume en realidad está nutriendo a la larva de la avispa que se encuentra en su interior. Cuando la larva llega a su desarrollo óptimo, con mucho cuidado emerge del cuerpo de su nodriza y forma una crisálida bajo el contorno del insecto. El paquete de químicos transforma entonces a la catarina infectada en un zombi-niñera que cuidará fielmente de la crisálida hasta que la avispa alcance la etapa adulta.

Valdría la pena agregar dos detalles interesantes, el primero es que en algunas ocasiones, cuando las larvas en gestación no lesionan los órganos vitales, la catarina emerge del trance sin mayores afecciones y sigue campante con su vida, y el segundo es que, al igual que muchas otras himenópteras (orden que comprende a las avispas, abejas, hormigas y abejorros), se trata de una especie principalmente partenogenética: hembras que se propagan sin la intervención de machos. Tómese en cuenta que la diversidad de dicho orden rebasa la totalidad de vertebrados descritos, como mínimo por el doble, y comenzará a dibujarse la noción de cuál es el verdadero sexo fuerte en este planeta.

Algo similar sucede en el caso de *Hymenoepimecis argyraphaga*, una avispa oriunda de Costa Rica que, para tales fines, emplea a una araña. La secuencia de hechos se desarrolla más o menos así: primero mamá avispa localiza una araña que le resulte convincente, después pega su huevo sobre el vientre de la elegida y se retira. Unos días más tarde la larva eclosiona y en cuanto lo hace realiza tres orificios en el abdomen de la araña, succiona su sangre y la convierte en zombi. Cuando la larva alcanza su máximo tamaño, la araña hechizada procede a deshacer su telaraña habitual para tejer una nueva y diferente, una estructura especial que ninguna araña en su sano juicio erigiría y cuya única función es mantener la crisálida de la avispa a salvo hasta que esta consiga llegar a la etapa adulta.

Existen también avispas parasitoides que utilizan orugas, otras prefieren tarántulas, unas más libélulas y no pocas se inclinan por moscas. Pero lo que la mayor parte de ellas pone en su mira es un lustroso y estoico coleóptero —escarabajos, chinches y gorgojos—, al cual embargan por medio de su corrosivo piquete, acertando exactamente en el único punto débil de la armadura que lo protege: justo en la coyuntura que divide la cabeza del tórax. De esta manera lo inmovilizan emulando a Brunilda, la princesa disecada, con la cual comienza la novela de caballería *Galaor.*[6] Posteriormente, una vez paralizado el que fuera dios egipcio, lo entierran bajo el suelo junto con sus huevos. Emplean así al escarabajo taxidermizado en vida como reserva alimenticia para que las larvas se lo vayan comiendo literalmente vivo conforme crecen.

Es de notar que cada especie de avispa elige un tipo particular de escarabajo, víctima que es seleccionada minuciosamente de acuerdo con su constitución corporal, pues esta corresponde exactamente a todo el alimento necesario para que las larvas alcancen la etapa adulta y abandonen el refugio subterráneo. Pero no escribiré más al respecto de avispas o escarabajos, pues sobre ello lo ha hecho ya —y de manera magistral— Jean-Henri Fabre en *Recuerdos entomológicos, la maravillosa vida de los insectos*, joya imprescindible de la literatura.[7]

Antes de cerrar el telón...

La lista de puestas en escena de las manipulaciones mentales realizadas por los maestros titiriteros podría extenderse ampliamente: ranas que son obligadas a rebotar panza arriba sobre la orilla de los lagos —comportándose básicamente como carnada pulsante— en busca de atraer al siguiente hospedero al que necesita llegar el parásito: una serpiente de agua. Podríamos citar también a los peces cuyos secuestradores los empujan a saltar fuera del agua, siendo así presa fácil para las aves marinas. O bien, al gusano que, tras haber invadido un bálano o percebe, lo manipula para que se adose sobre el caparazón de un cangrejo y realice un orificio en su exoesqueleto, a través del cual el parásito penetra y una de dos: si se trata de un macho le cambia el sexo, si es una hembra la deja como está, el punto es que engaña al organismo para que este crea que está cargado y, por consiguiente, escarbe el nido habitual en el que se lleva a cabo la gestación de sus huevos, claro que en este caso será para los huevos del parásito y no los del cangrejo.

Llevando las cosas aún más lejos, hay instancias en las que los parásitos no solo afectan a individuos aislados, sino que corrompen a un conjunto de ejemplares de manera simultánea, modificando así la conducta de todo el grupo afectado. Es el caso de la planaria que ataca a los diminutos camarones de agua dulce conocidos como «artemias», o acaso como *sea monkeys* por aquellos lectores que hayan crecido durante los años ochenta; se trata de animalillos sumamente populares y presentes en los acuarios de todo el mundo como alimento vivo para peces de ornato.

El punto es que, para quienes no lo sepan o solo hayan tenido la oportunidad de ver a las delicadas artemias en las tiendas de animales, su verdadero color no es ese carmín que suelen mostrar en los acuarios, sino blanquecino, su sutil cuerpo confeccionado por una especie de rosa pálido casi transparente; al menos cuando se encuentran libres de parásitos, porque cuando no es así, su aspecto cambia rotundamente. Y es que las planarias que las invaden no alteran en exclusiva su coloración habitual, dejándola en un rojo brillante, sino que, además, las obligan a nadar en grupos nutridos cuando por lo general son organismos más bien solitarios. Sobra decir que estas nubes difusas de camarones color rojo brillante aumentan la probabilidad de que un flamenco se los coma y que así el parásito sea capaz de completar su ciclo de vida.[8]

Delirios

Si cierro los ojos y me aboco a ello, todavía puedo ver a mi abuela sumida en unos de sus trances. La veo sentada en su reposet, retraída; está atónita con la mirada completamente erosionada clavada hacia su interior. Masculla frases inteligibles para sí misma y mece la mandíbula en torno a un caramelo. Durante aquellas fugas, daba la impresión de que todo el poderío de su cerebro estuviera haciendo combustión a la vez, como un reactor nuclear a punto de fusión. Su semblante remitía a un volcán colapsando hacia su propio centro.

¿Qué vería durante aquellos éxtasis furiosos? ¿Qué cosas desquiciadas le repetirían insistentemente las voces que la habitaban? No tengo forma de saberlo, pero algo me dice que ahí se alcanzaba a vislumbrar la locura cristalizada en su estado primigenio. Ahí, musitando en voz baja y con los ojos desorbitados, era cuando realmente causaba más impresión. No durante sus desvaríos explícitos, en los que sus alucinaciones se mezclaban con la realidad circundante, llevándola a interactuar con sus visiones y de algún modo enunciarlas, sino durante esos lapsos atemporales en los que se quedaba totalmente pasmada implotando. Era entonces que se revelaba la verdadera magnitud del magma que la vulcanizaba por dentro.

Por lo demás, Tita tenía días en los que era irascible y agresiva como una tortuga lagarto, soltando tarascadas a la menor provocación; en otros, se percibía agitada, frenética como una musaraña atrapada dentro de una caja y constantemente al borde de largarse corriendo a otra habitación; también había días en los se comportaba con la mayor indiferencia, distante y vacía de emoción, y en unos pocos, pero sí los había, era tan dulce como un lince amansado. Su estado basal parecía tender siempre hacia la ansiedad y sonreía en ocasiones más bien esporádicas, o lo hacía con una mueca cargada de ironía. Pero reír, lo que se dice reír a carcajadas, a mí nunca me tocó verla. Tan solo en fotografías de antes de que yo naciera se le veía contenta; antes de que su enfermedad la transformara en un géiser. Era como si lo primero que se hubieran devorado las fieras que carcomían sus adentros hubiese sido la felicidad. Al alcanzar la vejez, los delirios pasaron a ser la norma de sus días, casi como si formaran una parte más del ambiente de esa enorme casa en la que vivían mis abuelos, junto con el Güero, en el centro de Coyoacán.

Era una mansión en verdad, con jacarandas, truenos y liquidámbares arbolando el extenso jardín, patios húmedos y oscuros decorados con fuentes y figurillas arqueológicas, terrazas secretas llenas de musgo y bibliotecas en las que se escuchaban pasos; un pequeño palacio trastocado, cuyos gruesos muros de piedra fueron convirtiéndose de a poco en un fuerte para resguardar la naturaleza inestable que pulsaba en su interior. Las leyes físicas ligeramente alteradas por un campo magnético particular, como si debajo del predio yaciera enterrado un gran solenoide —de esos con los que le gusta jugar al rumano Mircea Cărtărescu en sus libros— que tornaba la realidad ligeramente maleable en su zona de influencia. La atmósfera enrarecida, a veces tensa, a veces surrealista, se desdoblaba constantemente entre la comedia y el drama en respuesta al triángulo de las Bermudas que conformaban sus habitantes: Nano, mi abuelo, un ingeniero de renombre, inteligente, adicto al trabajo y poco confrontativo, pero muy cariñoso y solidario; el Güero, mi tío albino y alcohólico, expolítico fanático de los toros y de la época de oro del cine mexicano, quien salvo por un par de años de matrimonio fallido siempre vivió con mis abuelos; y la feroz señora de la casa.

Como el famoso problema de los tres cuerpos vuelto nodo familiar. Con el trío de astros al centro: el ingeniero, el albino y la esquizofrénica; el ancla de un sistema planetario de mecánica orbital complicada, en cuyo campo de atracción girábamos el resto de satélites del clan siguiendo ciclos medio impredecibles.

En sus días más sociales, Tita se sentaba a la mesa con el resto de la familia. Bueno, en realidad todo empezaba en la botana; hábito inamovible en el itinerario de aquella casa, como lo eran sus delirios. Mi abuelo y las visitas abrían cancha con whisky en las rocas, rigurosamente Etiqueta Negra, mientras que el Güero bebía vodka, ron o lo que hubiese a la mano, y mi abuela, si estaba de humor, una copa de anís seco. Ultramarinos, quesos y paté. Sillones recubiertos de terciopelo rojo, cigarros encendidos —Delicados con filtro fumó mi abuelo hasta sus 90 años— y conversaciones animadas, de esa manera recuerdo lo que sucedía cotidianamente antes de pasar a la mesa. Luego mi abuelo se dirigía a la cava —una pequeña caverna en la que cabían un par de personas agazapadas, además de los anaqueles repletos de botellas, a la que se accedía por una puerta secreta que estaba oculta en el fondo del armario destinado a las visitas— para elegir el vino, rigurosamente tinto y a ser posible francés, borgoña o burdeos, y nos desplazábamos al comedor. Era entonces que daba inicio la función. Durante los primeros instantes de la comida mi abuela solía hacer un escrutinio minucioso de todos los presentes. Barría detenidamente con la mirada a los comensales en busca de su presa, hasta que encontraba algo que le molestara. Cosa que no tardaba demasiado. Ahí comenzaban sus preguntas: ¿Y tú, quién eres? ¿Quién te invitó? ¿Cuántos años tienes? ¿Qué haces en mi casa?… ¿Por qué estás tan gordo? ¿Por qué sonríes como pendejo?… Contéstame, ¿o no te deja tu mujer?... ¿Qué, no estás casado? ¿Por qué, no sirves para eso? ¿Ah, que sí lo estás?, pues qué idiota…

Después se iba poniendo cada vez más insolente.

Tarde o temprano tocaba ser el foco de su ataque, y honestamente el asedio podía tornarse en un proceso bastante desagradable; ya que mi abuela no quitaba el dedo de la llaga hasta que conseguía sacarte de quicio. Insistía, hurgando en posibles inseguridades, subiendo más y más el tono mientras menos atención le prestaras, hasta que conseguía sacarte por completo de tus cabales. Y hay que ver el tino con el que las personas que navegan en otra frecuencia mental detectan puntos débiles. Supongo que en ese sentido son como los niños, tienen los canales perceptivos más abiertos y carecen de filtros. El caso es que, si no sabías como tomártelo a broma, el asunto podía resultar hiriente. Cuando estabas teniendo uno de esos días particularmente vulnerables, en los que simplemente no tenías la entereza para confrontar a la fiera, la estrategia consistía en colocar la jarra de agua o el florero enfrente tuyo para así evitar que el ardiente Ojo de Mordor te descubriera.

Una escena clásica de la sobremesa de nuestros domingos: el Güero, ahogado por la ingesta de su quinto vodka, cuba o lo que tuviese a la mano, y movido por el gran complejo de Edipo que le carcomía, entona una canción ranchera dedicada a su madre, que en sus días más exaltados incluía hasta la interpretación de guitarra amateur por su parte.

De la sierra morena, cielito lindo, vienen bajando un par de ojitos negros, cielito lindo, de contrabando...

Mi abuela, como el resto de los presentes, no le hace ni el menor caso. Cada quien enfrascado en pequeñas esferas de conversación a lo largo de esa extensa mesa en la que cabíamos cómodamente los 16 o 17 integrantes que tenía la familia en ese momento.

Ese lunar que tienes, cielito lindo, junto a la boca, no se lo des a nadie, cielito lindo, que a mí me toca...

De repente mi abuela, sentada a la cabecera de la larga mesa, se sobresalta y comienza a gritar señalando hacia la ventana: «Miren allá, miren...».

—¿Qué cosa? —pregunta algún nieto distraído.

—El helicóptero.

—¿Qué helicóptero, mi amor? Por favor, qué cosas se te ocurren —suplica mi abuelo.

—El helicóptero. Ese del que se está bajando el pelirrojo.

—¡Ash, mamá! Qué pelirrojo, ni qué la chingada —murmura el Güero, evidentemente molesto por haber interrumpido su canción.

—El pelirrojo, ese, que está sacándose el miembro —insiste mi abuela con semblante cada vez más alarmado—. ¡Ay, no! ¡SE ESTÁ TOCANDO! ¡Fernando, haz algo!...

No era inusual que las alucinaciones de mi abuela estuvieran impregnadas de material pornográfico.

—¡Ash, mamá! No seas cochina. Me lleva la chingada con tus tonterías. Ya mejor date un ligazo o algo —masculla el Güero, mientras se pone en pie tambaleándose para retirarse a sus aposentos a seguir bebiendo en paz.

En ese momento la mesa se alborota. Algunos familiares, sobre todo los más jóvenes, le seguimos el juego alucinatorio a mi abuela; mientras que los mayores no le prestan demasiada atención. Solo mi abuelo se empecina en intentar convencer a su pareja de que eso que está viendo es solo otro de sus desvaríos y, en consecuencia, mi mamá y mi tía comienzan a objetarle a su padre que ella no tiene la culpa, que no puede evitarlo.

Para no variar, la discusión sube de tono. Fieles a la dinámica de la constelación radiactiva que integramos, empiezan los gritos y las indignaciones. Pia, la bebé, explota en llanto. Tras unos minutos de estridencia absoluta y peleas diversas, mi abuelo, que está sentado a mi lado derecho, se sume en su asiento como derrotado y, tras dejar escapar un largo suspiro, me da un ligero codazo en el hombro; cuando giro la cabeza para verlo esboza una sonrisa resignada y dice: «Andrufitas, en esta familia todos están locos menos tú y yo».

Después, los ánimos se apaciguan un tanto y las cosas vuelven a la *normalidad*. Llegan el café, los cigarros y los postres. Una charola repleta de pasteles aguarda inútilmente a que mi abuela repare en su existencia (por algún motivo ilógico siempre se insistió en que ella fuera la encargada de servir los platos). Pero Tita sigue fugada quién sabe en qué visiones. Yo, que en la pubertad era más bien gordito, no puedo resistir la tentación y, comprobando que la pantera se encuentra distraída, alargo una mano rolliza para tomar una tartaleta de guayaba con queso. No obstante, cuando tengo el brazo estirado y estoy a punto de alcanzar mi objetivo, mi abuela sale de súbito de su estupor y, realizando un movimiento como de serpiente, levanta un tenedor y me lo clava en el dorso de la mano.

—¡TITA! ¿Qué haces? —irrumpe la voz aterrorizada de mi madre.

El silencio se apodera por unos instantes de la sobremesa. Mi madre se pone en pie resoplando, camina hasta donde estoy sentado y me levanta de un tirón.

—¿Estás loca, o qué te pasa? —le increpa a mi abuela, sin darse cuenta de que su pregunta es por demás retórica.

Nos marchamos y la comida en esa ocasión termina en drama.

DE JARDINES INTERIORES
Y FANTASMAS EVOLUTIVOS

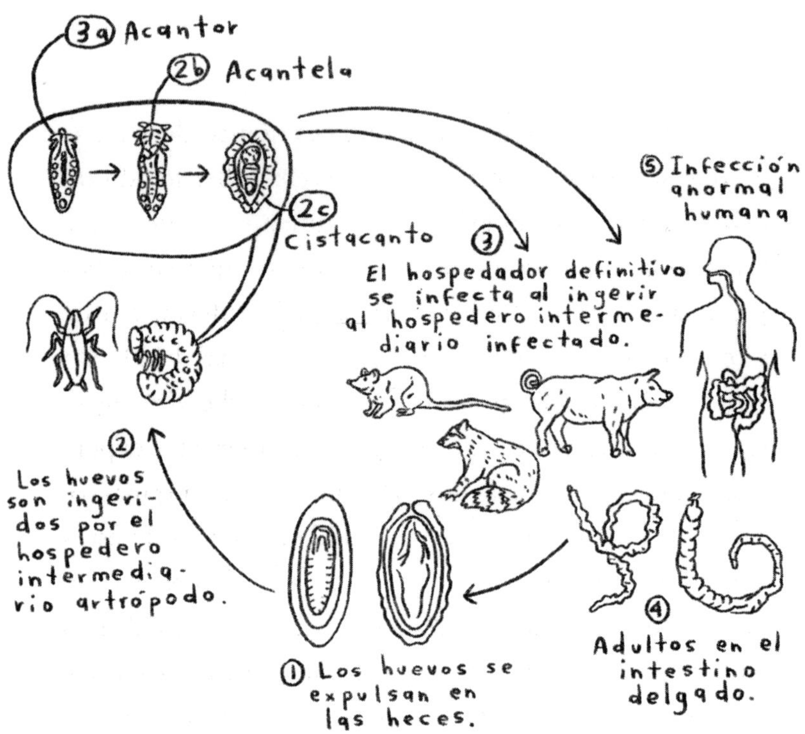
3a Acantor
2b Acantela
2c Cistacanto
5 Infección anormal humana
3 El hospedador definitivo se infecta al ingerir al hospedero intermediario infectado.
2 Los huevos son ingeridos por el hospedero intermediario artrópodo.
4 Adultos en el intestino delgado.
1 Los huevos se expulsan en las heces.

Curiosamente, la esquizofrenia no es el único de los males que aquejaban a mi abuela que pudo haber tenido un origen vinculado con los parásitos, aunque en este caso a la inversa: por la ausencia de estos. Puesto que en su vejez Tita comenzó a sufrir de la llamada enfermedad de Crohn, una afección del tracto gastrointestinal debida a la inflamación crónica que le causaba incomodidades digestivas constantes y que, de acuerdo con diferentes expertos, podría estar ligada a los habitantes de sus entrañas; o, mejor dicho, a la falta ocasional de la irrupción de estos en las tripas. No solo eso, sino que quizá de haber vivido unas décadas más tarde, ciertas especies de lombrices parasíticas podrían haber figurado como la clave para tratar aquel mal, así como otras afecciones de carácter autoinmune. Pero déjenme explicarme. Lo que pasa es que las fieras interiores no se limitan únicamente a esculpir el panorama biótico de los ecosistemas —que, dicho sea de paso, no es poca cosa—, sino que, en una dimensión mucho más íntima, cada día se les considera como una variable de índole más significativo dentro de nuestra propia ecología personal.

Cualquier jardinero que se precie de tal tiene clara una cosa: las lombrices desempeñan un papel esencial para que florezca ese pequeño vergel que le salva de ser consumido por la locura citadina. Sea que el terreno consista en unos cuantos matojos o, si hay suerte, incluya algunos árboles con su sombra —incluso si llamáramos jardín a una sola maceta—, los vermes turgentes, marrón-rojizo, que merodean bajo la superficie, así como tantos otros invertebrados que infestan micelios y raíces, suelen intuirse como aliados del flujo vegetal, ya que con las galerías que van cavando incrementan las propiedades hídricas y la estructura de los suelos, y, al alimentarse de la materia orgánica, la degradan, dando inicio a la descomposición y tornando asimilables los nutrientes para las plantas.

Un jardín es lo contrario de lo estéril. Es fronda, latencia y humedad. Interacciones biológicas: tráfico de nutrientes. Nadie, en su sano juicio, concebiría tal espacio como un ambiente que debe ser sanitizado (o *higienizado* para respetar los cánones de la RAE). Vamos, ni siquiera aquellos que se enfrascan en la necia manicura del césped imaginan su prado como una superficie inerte. Quizás emprendan luchas contra las orugas y los caracoles que carcomen hojas y legumbres, pero jamás contra aquellos invertebrados que velan por los cimientos de la prosperidad botánica. ¿Por qué entonces —me pregunto— nos obstinamos en considerar que, tratándose de nuestro jardín interior, debería suceder distinto?

Porque eso es, visto a la escala de tamaño correcta —es decir, la que corresponde a los paisajes celulares—, lo que integra nuestro cuerpo: un jardín. O mejor dicho, muchos. Y de diversas clases. Algunos son espesos y fecundos, como los que salpican las entrañas (la tórrida flora, que en realidad es biota, intestinal), otros minimalistas y mesurados, como los arenales del pliegue de los codos. Los hay de caverna (en vagina, ombligo, nariz, oído y ano), verticales (a lo largo de todos los ejes de la piel) y colgantes (de las pestañas, cejas y demás folículos pilosos). Tipo francés, árabe, inglés, japonés, xerófilo o de invernadero, lo cierto es que por dentro y por fuera, por arriba y por abajo, en el pelo, la boca, los ojos y las uñas, así como en los intersticios de cada uno de nuestros tegumentos y tejidos, pulula la vida. Y desde luego que no me refiero nada más a la vida humana, a las células y secreciones que nos constituyen, sino al vasto tropel de fierecillas microscópicas que nos habitan, y de las cuales dependemos casi tanto como de los mismos genes.

Estamos literalmente recubiertos por maleza. Hongos, bacterias, protozoarios, virus, parásitos y arqueas, un complejo sistema taxonómico que rivaliza en diversidad biológica a las selvas papuanas y para el cual fungimos como hogar. Somos su ecosistema, su microbioma, y por supuesto que en este hábitat de jardines de senderos que se bifurcan también figuran las lombrices. Ah, pero ante estos invertebrados tubulares, por todo lo demás diestros jardineros, tendemos a mostrarnos reticentes. Las queremos extirpar, erradicar de los sustratos de nuestros adentros. Sin embargo, poco a poco, y aunque se oponga al paradigma médico imperante, cada vez comienza a considerarse a estos parásitos como una variable significativa en el balance del sistema. Para que, al igual que sucede en el caso de los jardines ornamentales, aireen la tierra, mantengan la ecología personal a tono y que fructifiquen las vegetaciones fisiológicas.

Cuando menos eso es lo que parece revelar la historia reciente en los países desarrollados, lugares donde la higiene alcanza sus grados más notables y las lombrices intestinales no son más que un ingrato recuerdo del pasado. Naciones como Japón, Corea del Sur, Estados Unidos, Canadá, Francia e Inglaterra se abocaron durante décadas a la ardua faena de combatir a los tripulantes de las entrañas. Tenias, oxiuros, tricocéfalos, áscaris, acantocéfalos y demás *enemigos* del cuerpo fueron colocados bajo la mira astringente del fuego farmacéutico —haciendo resonancia durante el acto a dos mantras fundamentales del Antropoceno: «Lo químico siempre se impondrá a lo biológico» y «Cuando el interés monetario es el suficiente, nuestra tecnología no conoce barreras»— y, tras décadas de batalla en las trincheras alimentarias, resultó posible asir el improbable hito: los parásitos intestinales prácticamente fueron erradicados de dichas naciones.

Durante un tiempo las cosas parecían marchar bien, todo mundo en paz; engordando a sus anchas y gozando de la pulcritud de las entrañas. No obstante, pronto el incremento exponencial de una serie de afecciones autoinmunológicas sumamente graves comenzó a sugerir que en tales menesteres, al igual que acontece en el caso de los demás jardines que atendemos, sin lombrices, el paisaje se marchita.

La alta prevalencia del mal de Crohn registrada en la actualidad entre habitantes de sociedades primermundistas —que se destaca por la inflamación e irritación crónica del tubo digestivo, como la que aquejaba a mi abuela, y cuyos síntomas más comunes incluyen cólicos, dolor abdominal, diarrea, fiebre, pérdida de peso e hinchazón; otros síntomas pueden ser dolor anal o secreción, lesiones de la piel, abscesos rectales, fisuras y artritis, habría que señalar que puede llegar a ser un cuadro sumamente molesto para los pacientes, al grado de que les imposibilita realizar actividades normales, mantener un trabajo o siquiera viajar durante trayectos prolongados en automóvil o avión—,[1] al igual que la de la colitis severa, gastritis ulcerante, apendicitis y demás padecimientos inflamatorios crónicos del tracto digestivo, así como asma, alergias agudas, esclerosis múltiple y otros trastornos autoinmunes, parece estar ligada, en parte, a la falta de contacto ocasional con los vermes en cuestión. Y no estamos refiriéndonos al asma estacional o aquellos cuadros de gastritis que puedan ser controlados con Riopan u omeprazol, sino a las manifestaciones más desaforadas de cada uno de los padecimientos mencionados. Cuadros recurrentes e insidiosos que terminan por prácticamente invalidar a los afectados, cuyos síntomas apenas pueden ser mitigados por la medicina moderna y, en todo caso, únicamente de forma pasajera; sin dejar de lado el factor del costo monetario, involucrado en los tratamientos a largo plazo, que usualmente resulta prohibitivo para el ciudadano promedio.

La doctora Ana Flisser, de la Facultad de Medicina de la UNAM —una de las eminencias en el campo de la parasitosis por teniasis y cisticercosis—, lo pone de la siguiente manera: «Es recomendable mantener un sistema inmunológico activo y nutrido que de vez en cuando cuente con tareas de las cuales ocuparse; de otra manera, se corre el riesgo de que las defensas se tornen en contra de uno mismo o reaccionen exageradamente a agentes no nocivos, causando afecciones drásticas sobre el paciente».

Resulta que las huestes de nuestro ejército de defensa personal —es decir, las células blancas que conforman el sistema inmunológico— son tan hostiles que, si no encuentran contrincantes dignos a los cuales dar batalla con cierta regularidad, en ocasiones apuntan su arsenal en sentido inverso y comienzan a atacarnos, dando pie así a las llamadas patologías autoinmunes: el cuerpo peleando contra sí mismo. O crean falsos positivos y desatan todo su poderío contra objetivos que realmente no representan una amenaza —el principio de las alergias—. Digamos que si algo deberíamos haber aprendido tras siglos de guerras es que el ocio es el peor de los vicios para las fuerzas armadas. En materia inmunológica, buena parte del arsenal de células blancas se basa en la respuesta inflamatoria y, como podrán dar fe millones de pacientes de diversas afecciones autoinmunes: la inflamación es la madre de todas las dolencias.

No hace falta recalcar que algunos de estos invasores potenciales sí poseen dotes zoológicos con posibles consecuencias francamente nefastas. Sin duda hay enemigos y *enemigos*. De ningún modo quisiera minimizar el hecho de que existen parásitos intestinales temibles, como las conocidas amibas hemolíticas, que asedian las entrañas de cientos de miles de mexicanos anualmente y que, si no son tratadas de manera oportuna, pueden devenir en cáncer. Sin embargo, no hay que caer en la tentación de desechar a todo el lote solo por unas pocas piedrecillas en el arroz. Pues, como ha sido demostrado en cada vez más experimentos, la intromisión ocasional de ciertos tipos de helmintos (lombrices, platelmintos y gusanos parasíticos) en nuestra anatomía podría resultar incluso favorable. Ya lo dice aquel popular dicho: «Mantén a tus amigos cerca, pero a tus enemigos aún más cerca».[2]

La llamada *inmunomodulación por medio de parásitos* no es una idea que goce precisamente de gran popularidad entre los organismos de salubridad pública más conservadores (esos mismos que durante las últimas décadas se esmeraron por aniquilarlos). Pero lo cierto es que durante cientos de miles de años hemos coexistido con nuestros gusanos y borrarlos completamente de la ecuación está generando más problemas que confrontarlos intermitentemente.[3]

Ahora que lo pienso, mi abuela nunca comía en la calle, quiero decir, durante las varias décadas que duró su enfermedad, siempre comió en casa o, en dado caso, cuando había algo que celebrar, en algún restaurante refinado (recuerdo que ella tenía predilección por la comida polaca). ¿Acaso sus intestinos reflejaban lo acontecido en las naciones primermundistas con la higiene exacerbada? ¿O será posible que haber tomado carretadas de fármacos durante tantos años, con su estela de efectos secundarios gastrointestinales subsecuentes, pudiera tener algo que ver en la génesis de su mal de Crohn? Lo desconozco. Aunque, según me dice mi madre, la tía Clara, hermana de mi abuela, tuvo arteritis de Takayasu, que también es una condición autoinmune.* O sea que podría existir una predisposición genética

* La arteritis de Takayasu, también conocida como enfermedad sin pulso, tromboaortopatía oclusiva o síndrome del arco aórtico, es una enfermedad inflamatoria de los vasos sanguíneos de causa desconocida que afecta a la aorta y a sus ramificaciones, incluyendo la arteria carótida. Puede producir el estrechamiento u obstrucción de las arterias, o el debilitamiento de las paredes arteriales, que pueden abultarse (aneurisma) y desgarrarse. También puede provocar dolor en el brazo o el pecho, presión arterial alta y, con el tiempo, insuficiencia cardiaca o accidente cerebrovascular.

en la familia a las irregularidades inmunológicas o, como veníamos diciendo, ciertos factores del entorno en el que crecieron mi abuela, sus dos hermanas y hermano, de algún modo facilitaron su desarrollo. *Nature versus Nurture*, la vieja prerrogativa: naturaleza versus crianza. O, más bien, una combinación entre ambas. Herencia en virtud del entorno, la mezcla que nos moldea.

Probablemente en este momento sea conveniente detenernos a reflexionar un poco sobre los escurridizos fantasmas evolutivos. El término *fantasma* en este caso se emplea en su acepción de «huella de lo que alguna vez fue, vestigio inmaterial de aquello que alguna vez estuvo vivo». Concepto utilizado para explicar diferentes comportamientos o adaptaciones que, si son juzgados desde el panorama contemporáneo de la naturaleza, dan la impresión de no tener demasiado sentido, pero que usualmente tienden a acomodarse dentro del raciocinio biológico cuando ampliamos el encuadre y nos remitimos a la historia del linaje evolutivo de los organismos.

Un ejemplo clásico —que estoy tomando prestado del libro de Rob Dunn: *The Wild Life of Our Bodies. Predators, Parasites and Partners That Shape Who We Are Today*— es el de los berrendos, *Antilocapra americana*. Herbívoros, similares en apariencia a los antílopes, pero con cuernos más pequeños, y uno de los ungulados más veloces del mundo (capaces de correr a 100 kilómetros por hora), lo cual es bastante más rápido que cualquiera de los depredadores potenciales en su área de distribución. De hecho, no solo *bastante*, sino *demasiado* más rápido.[4] En el sentido de que el gasto metabólico involucrado en sus carreras simplemente no hace lógica respecto a las amenazas presentes en su entorno, y en el mundo silvestre la energía es primordial (hay que pensarse muy bien en qué actividad emplear las preciadas calorías).

Por eso resulta enigmático observar a los berrendos salir disparados y mantener su carrera vertiginosa como si alguien pudiera darles alcance. Lo que a cualquier naturalista que preste atención le lleva a preguntarse: ¿de quién huyen tan despavoridamente esos berrendos? ¿Para qué agotar sus reservas de esa manera? La respuesta no se encuentra escondida en las extensas llanuras centrales de Estados Unidos o en las inmediaciones del Vizcaíno bajacaliforniano, lugares en los que el berrendo reside desde hace aproximadamente un millón de años; sino del otro lado del océano, en África, sitio de origen y evolución del grupo. Estepas calurosas en las que merodea un felino peculiar, un gato esbelto y de pelaje ocre moteado que se alza con la presea al cuadrúpedo más veloz del mundo, capaz de alcanzar los 120 kilómetros por hora, el formidable chita o guepardo (*Acinonyx jubatus*).

¿Pudiera ser que los millones de años de coexistencia y de figurar como parte del menú de tal proeza de la velocidad expliquen las carreras de los berrendos de hoy en día? Muchos científicos se inclinan a pensar que así es. Que, de alguna manera, estos animales aún siguen escapando del felino que fuera el principal depredador de sus antepasados. Un instinto embebido con tal fuerza en sus genes que resulta imposible no acatar su instrucción; incluso millones de años más tarde y en un contexto completamente diferente, donde ya no parece tener sentido. Los berrendos huyen, pues, de los *fantasmas* de aquellos chitas que los persiguieron durante buena parte de su evolución.

¿A dónde quiero llegar con todo esto? Pues a que los berrendos no son los únicos que no son capaces de olvidar su historia. Aunque solemos pasarlo por alto, nosotros también somos parte de una saga milenaria y no resulta tan sencillo interrumpir de tajo esos procesos interdependientes con otras especies de los que, en buena medida, somos producto. Y en lo que refiere a lombrices y nuestros jardines interiores, esto opera a dos niveles.

Por un lado, lo que sucede con nuestro sistema inmunológico cuando pretendemos establecer una cotidianidad libre de enemigos —aunque borremos al bando opuesto de la ecuación, nuestro ejército de defensa personal seguirá dando batalla, así sea a los fantasmas de esos gusanos, y el fuego cruzado terminará por hacernos más daño que la propia infección—, y por otro, el factor nada despreciable de lo acontecido en el interior de nuestras tripas a lo largo de millones de años de ser invadidos. Me refiero a la interacción entre el huésped y su hospedero. O para ser más precisos: a las numerosas estrategias empleadas por los parásitos para pasar desapercibidos, que involucra mantener el funcionamiento de nuestras vísceras lo más en paz que sea posible.

Pensémoslo un poco: si uno tuviera planeado quedarse a vivir sin pagar renta en una morada ajena, ¿cuál sería la estrategia más efectiva para evitar que el casero nos eche a la calle? De menos conservar el recinto lo más arreglado y limpio que sea posible. Encargarnos del mantenimiento, pintar las paredes, atender el jardín, sacar la basura y no permitir que otros paracaidistas allanen el domicilio, ¿no? Bueno, pues justo eso es lo que hacen los helmintos, pero en términos fisiológicos. No solo se esmeran por intentar que su estancia resulte completamente asintomática para su hospedero, sino que evitan la hinchazón de los tejidos por medio de compuestos antiinflamatorios. También se abocan a mantener bajo control el reflujo, la acidez y las agruras, combaten a bacterias nocivas y a otros patógenos que pudieran incursionar en sus dominios —o sea, en nosotros— y previenen que seamos víctimas del llamado mal del puerco. Es más, incluso nos ayudan a mantener la línea, pues se roban una parte sustancial de nuestra ingesta alimenticia y, por consiguiente, ocasionan que bajemos de peso.

Cuestiones que quizá no deberían resultar del todo sorpresivas; a fin de cuentas, su supervivencia depende, en buena medida, de permanecer clandestinos. Cuanto más tiempo consigan mantener su anonimato, más tiempo podrán permanecer en nuestros adentros y su sigilo será recompensado con bonanza reproductiva. ¿Para qué ocasionar molestias innecesarias, cuando puede cohabitarse plácidamente en los tejidos ajenos durante décadas?

Es aquí cuando valdría la pena regresar al campo de la inmunomodulación por medio de parásitos, pues los rubros mencionados en los párrafos anteriores son los que prueban ser la clave para contrarrestar distintos tipos de patologías autoinmunes. Cuando menos en esa dirección se encaminan las evidencias de cada vez más estudios que han corroborado que el tratamiento con algunos tipos de helmintos resulta eficaz para tratar cuadros severos de colitis ulcerante, mal de Crohn, asma, diabetes e incluso paliar los síntomas de la esclerosis múltiple. Y el moco intestinal parece tener mucho que ver en esto, o al menos en aquellos padecimientos de tipo gastrointestinal.[5]

Aclaremos: cuando nos referimos a inmunomodulación en este contexto, estamos hablando del consumo voluntario de huevos de ciertos tipos de parásitos, principalmente de uncinarias o gusanos de gancho, o bien, de tricocéfalos o gusanos látigo. Esto en busca de obtener un contagio controlado, pues ambos tipos de gusanos son relativamente inocuos si su población se mantiene en números discretos. Podrá sonar contraintuitivo, del mismo modo que a primera instancia sorber café hirviendo en el desierto no parecería un método eficaz de refrescarse, pero las evidencias son sólidas y siguen acumulándose.

Para nada quisiera sugerir que, si usted sufre de alguna de las afecciones de carácter autoinmune mencionadas, deba salir corriendo a beberse un vaso de agua refrescante de los canales de Xochimilco, pues probablemente con ello solo conseguirá empeorar las cosas, sumando a sus dolencias preexistentes las propias de la salmonella, disentería, amibiasis, cólera y demás criaturas que acechan en los drenajes. Más bien, si fuera el caso, se le invita a consultar los materiales citados —y a su vez aquellos estudios que sean citados de manera subsecuente en estos textos— para obtener información. Cabe señalar que muchos de los tratamientos en cuestión son todavía experimentales.

Si bien el mismo Louis Pasteur declaraba «mata a los microbios y matarás al hombre», fue necesario que transcurriera más de un siglo para que comenzáramos a apreciar realmente qué tan esenciales son para nuestro organismo las criaturas que nos habitan. Cuánto aportan al follaje de nuestros jardines interiores y a mantener las mucosas fértiles. Incluso, la temible *Helicobacter pylori* recibió recientemente el indulto de su sentencia como enemigo despiadado y el rol particular que desempeña dentro de la flora intestinal ha sido revalorizado, sorprendentemente, por los mismos investigadores que en un principio se encargaron de satanizarla.[6]

Derribar la teoría imperante —y sobra decir errada— de que la mayoría de los gérmenes e invasores nos causan daño es una faena compleja. El paradigma de la higiene exacerbada no es uno fácil de poner bajo tela de juicio, menos cuando entran al cuadro lombrices y el resto de parásitos macroscópicos. Dicho eso, es factible que en tiempos venideros atestigüemos la resurrección de los gusanos interiores como parte integral de nuestro bienestar. Al final, ese taco dudoso del mercado podría ser la clave. Por lo pronto, lo único que queda es aconsejar evitar tomar fármacos antiparasitarios o antibióticos cuando no sea estrictamente necesario y secundado por un diagnóstico apropiado. No hay nada peor que aquellas campañas que promueven la desparasitación preventiva una vez al año, pues tales bombas farmacológicas implican un ataque masivo contra todos los integrantes del microbioma de nuestros jardines interiores y declarar así la guerra a nosotros mismos.

Efectos secundarios

Hablando de jardines, me viene a la memoria una imagen recurrente de mi infancia: mi abuela absorta de pie ante la ventana con la mirada perdida sobre su enorme jardín. Así podía pasarse horas. O, si estaba agitada, recorría una y otra vez el perímetro de hierba —que tendría más o menos las mismas dimensiones que medio campo de futbol—, deteniéndose diligentemente en cada uno de los numerosos árboles que ella misma hubiera plantado en décadas más luminosas de su vida, cuando se mudaron a la casa de sus sueños (ese predio que también hubiera ayudado a diseñar) unos años antes de ser diagnosticada con esquizofrenia.

No sé si al trazar sus propios pasos, reproduciendo obsesivamente los recorridos que hiciera en sus tiempos como jardinera, Tita intentara recuperar algo; como si al calcar la antigua ruta de riego le fuera posible acceder, siquiera por un instante fugaz, a la mente de esa otra persona que ella había sido entonces y que, aunque cada vez se dejara ver menos, aún merodeaba en sus adentros. Lo que sí sé es que de entre todos esos árboles que había visto crecer desde que fueran tallos delgados con unas cuantas ramas apenas (y que podría decirse de alguna manera la habían visto transformarse a ella), los truenos y las jacarandas eran sus preferidos. Como también sé que, para la época en la que los nietos entramos en la constelación familiar y jugábamos entre sus troncos, esos árboles ya conformaban un pequeño bosque; el dosel del ceñido follaje elevándose varios metros sobre el nivel del suelo.

En ese pequeño vergel fue que vi por primera vez la silueta afelpada de un cacomixtle, que conocí a las ardillas y a las zarigüeyas y que tuve mis primeros encuentros con pájaros carpinteros, zanates, pinzones de pecho rojo, aguilillas y varias otras decenas de aves que habitan en la capital mexicana. También entre aquellas cortezas es que atestigüé mi primera metamorfosis, llevada a cabo por unas orugas negras y peludas que, tras construir y posteriormente abandonar sus crisálidas fibrosas, se convirtieron en enormes mariposas negras con finos patrones rojo ladrillo inervando sus alas. En aquel jardín aprendí a caminar, a recolectar caracoles y lombrices, a jugar beisbol y más tarde a fumar a escondidas. Entre sus plantas jugué hasta el hartazgo con primas y primos, tías y sus parejas, al igual que con mis sobrinas (cuando les llegó el turno de germinar a ellas) y pasé incontables tardes al lado de mi abuela. Y es que, para bien o para mal, a Tita siempre se le cuidó en casa. Ni en las más agudas de sus crisis fue remitida a centros especializados o ingresada en psiquiátricos.

Ni siquiera cuando sus delirios la llevaron a extraviarse en la selva urbana durante jornadas angustiosas o a cometer actos violentos hacia quienes la rodeaban. Razón por la que me resulta imposible pensar en ella sin pensar a la vez en su casa. En esa mansión-fuerte del centro de Coyoacán, en la que todo estaba ligeramente desalineado.

Es extraño, pero de entre todos los espacios posibles de los cuales elegir de aquella casona —quiero decir estudios llenos de libros y objetos, cuarto de juegos con ventanales de doble altura y gran candelabro, múltiples habitaciones desocupadas y plagadas de recuerdos, garajes con techos de cúpula, patios de piedras, recibidor con piano, escaleras y pasillos extensos, entre muchos más—, el lugar que probaría ser más duradero para los nietos, y que tantos años más tarde sigue asaltando nuestros sueños, sería precisamente el vestidor (además, claro, del jardín, la sala y el comedor). Ese espacio tras muros que se desplegaba entre la alcoba y el baño de mis abuelos, con sus dos pasillos paralelos trazando la forma de un tenedor, el principal de los cuales estaba rematado por un espejo de cuerpo entero altísimo, con todos los costados flanqueados por armarios gigantescos y alfombrado con una horrenda moqueta beige, un espacio íntimo y anodino a la vez, terminaría erigiéndose como el punto arquitectónico en el que se cimientan nuestros recuerdos.

Era ahí, en esa sucesión interminable de closets de madera oscura, donde mi abuela guardaba sus infinitos atuendos: abrigos, vestidos, ponchos y sombreros, pieles, guantes, bolsos y valijas; al igual que era en ese sitio —dentro de esa área apartada del resto de la casa, en la que las únicas ventanas se encontraban tan alto que no era posible alcanzarlas sin utilizar una escalera— donde mi abuelo guardaba sus trajes, cascos de minero, medallas y papeles importantes. También era ahí que él realizaba sus ejercicios diarios de calistenia: flexiones, abdominales, carrera estacionaria y cuando menos 500 lagartijas, aunque su récord superaba las 1 000 (y en este dato, como podrá dar fe el resto de la parentela, no estoy exagerando). Si bien Nano era de talla más bien pequeña, con sus orgullosos 1.64 metros de estatura, su cuerpo era tan fuerte como el de un oso Kodiak. Musculatura que apenas resultaba suficiente para cargar en hombros la locura que inundaba sus días. Porque si algo puedo asegurar sobre mi abuelo, y sin miedo a caer en equivocaciones, es que, a pesar de todo, amó y cuidó de su pareja hasta el final de sus días; con todo y sus continuas ausencias laborales, le otorgó más cariño y atenciones a su Gunga de las que la mayoría de personas estarían dispuestas a sacrificar.

Cada contexto esquizofrénico es distinto, cada paraguas familiar sobre el que se vierten las aguas turbias del desvarío mental posee posibilidades de reacción y soporte diferentes. No es tanto la solvencia económica, el amor o la paciencia con la que se cuente, aunque sí pueden llegar a figurar como variables significativas, sino la resistencia emocional que se esté en condiciones de desarrollar ante el ambiente corrosivo. Claro que una buena dosis de negación por parte mi abuelo, acompañada por el continuo aguante de mi madre (a la que en buena medida le fueron colgados los cuidados de Tita desde que era niña), ayudaron para que fuera posible absorber los impactos de la patología en el hogar y más o menos mitigar sus consecuencias.

«Escuché decir alguna vez que cuando se está tan cerca de alguien que enloquece, uno se convierte en *voyeur.* Algo entre el *shock* y el morbo te toma los huesos y la voluntad y no puedes hacer más que mirar el declive con la frialdad de un sociópata», declara Margarita García Robayo en «Rapto de locura», el recuento de su propia experiencia tramado con el desbarranco mental de su mamá.[7]

Me figuro que todo depende del grado de apego e interdependencia que se tenga hacia la persona. Definitivamente no es lo mismo que tu mamá se quede loca —y que de esa forma te toque presenciar de cerca y sufrir todo el proceso de su transmutación— a que sea tu abuela la que esté fuera sus cabales y que solo la hayas conocido encarnando esa variante adulterada de sí misma. Asumo que por eso los que fuimos sus nietos, a diferencia de sus hijos, pudimos tomarnos el asunto con algo más de humor.

«Cuando se es madre no hay nada que solo te dañe a ti misma. Ella debía de saberlo, aun así no lo controlaba», sentencia García Robayo resumiendo la cuestión de los grados de separación a los que me refiero.

Tampoco es que me alegrara el hecho de tener una abuela loca, pero digamos que su condición no me generaba rechazo ni lástima. Al revés, más bien diría que me producía cierta fascinación. Lejos de tratarla con condescendencia o cautela, yo tendía a jugar con sus límites. Seguía sus desvaríos e incluso les daba cuerda. No es que me enorgullezca de ello, pero esa era mi forma de acercarme a ella, y aunque por momentos se fastidiara, a la larga entablamos una relación de complicidad. Como cuando finalmente Columba, la peluquera, terminó por colmar sus ansias rateras —falsificando la firma de mi abuela y hurtando más dinero del que la familia estaba dispuesta a hacerse de la vista gorda—, su despedida dio pie a que mi abuela dejara de teñirse el pelo y que, en consecuencia, encontrara en mí, un joven de 15 años con el pelo decolorado, a un símil con el cual poder empatizar y de esa forma hacer menos doloroso el cambio de aspecto al que se le había orillado. No sé por quién me tomaría en esos momentos, pero me gustaría pensar que me percibía como a una especie de aliado en el caos que era su cabeza.

Mucho antes de que Columba fuese despedida, mi abuela se teñía el pelo ella misma y también se lo teñía al Güero. A partir de que, al cumplir los 19 años, y ante su participación inminente en el concurso nacional de oratoria, su hijo albino expresara el deseo de ocultar la cabellera blanca que lo había distinguido desde el nacimiento, Tita procedió mes tras mes a pintarle el cabello y las cejas de negro. De hecho, no creo haber visto nunca a mi tío con su color (o más bien no color) natural de pelo. Si acaso lo que delataba su condición, además de una tez blanquísima, eran los gruesos lentes de vidrio verde que usaba para protegerse los ojos. Por eso es que las fotografías de cuando el Güero era pequeño y rubísimo, que mi abuela escondía dentro de uno de los cajones del vestidor para que no las vieran ni sus hermanas, resultaron tan desconcertantes para mí cuando mi primo Sepo y yo las hallamos, hurgando entre los cajones en busca de secretos. Y vaya que en ese vestidor, o bueno, en la casa en general, abundaban los secretos.

Recuerdo que había un baúl oculto en el armario del fondo donde mi abuelo guardaba los ultramarinos, turrones, patés y otros deleites que traía para la botana de sus viajes a tierras lejanas. Tras otra de las pesadas puertas corredizas de madera oscura, reposaba una tosca caja fuerte, pero por más que lo intentamos mi primo y yo jamás pudimos abrirla. Aparte de las fotos del Güero pequeño y de diferentes familiares con sus exparejas, en aquellos cajones podían encontrarse habanos y cigarrillos (justamente de donde mi primo y yo surtíamos nuestras primeras fumarolas cuando éramos adolescentes), cartas de amor y desamor, relojes finos, una caja con dos pistolas antiguas (creo que eran de las que se utilizaban para los duelos), pasaportes y documentos de identidad, montones de monedas de diferentes naciones y literalmente cientos de cajas y frascos de medicinas. Tantas como en una botica de pueblo, me parecía a mí, debido a que durante las tres décadas que se extendió su enfermedad Tita fue recetada con prácticamente toda la farmacopea existente para tratar la esquizofrenia.

Pastillas, cápsulas y gotas que dividían su existencia entre ansiolíticos, antipsicóticos, calmantes, antidepresivos y demás medicamentos requeridos para mantenerla bajo control, o mejor dicho relativamente bajo control, puesto que no era infrecuente que ella suspendiera su tratamiento de improvisto y que se aislara en su habitación para zambullirse de lleno en sus ciénagas mentales, porque extrañaba sus voces. Se sabe que la manía es un estado poderoso como pocos; quienes la experimentan de manera transitoria llegan a echarla en falta, sobre todo debido a que los fármacos para contrarrestarla suelen arrastrar al paciente hacia el lado opuesto de la experiencia humana: la miseria emocional. Efectos secundarios adversos, algunos muy desagradables, que en el caso de mi abuela era necesario combatir con otra serie de compuestos químicos cuyo único fin consistía en nivelar los estragos colaterales de los primeros, y así, terminaba por ser requerida una farmacia entera al día.

Claro que eso resultaba definitivamente preferible a que se escapara de la casa, como le daba por intentar hacer cuando no estaba medicada, o dejar que su fuego interno la devorara (a ella y nosotros) por completo.

De ninguna manera quisiera sugerir con esto que no haya quienes pueden llevar una vida *normal* gracias al tratamiento. Hay, por supuesto, numerosos casos de personas afectadas por la esquizofrenia que llegan a tener una cotidianidad plena con el coctel de fármacos adecuado. Una vez más, cada caso es diferente, y la diversidad de experiencias es tan variada como la cantidad de personas involucradas, en función de la agudeza de sus síntomas y los recursos médicos de los que se disponga según la época y contexto en los que haya tocado atravesar la patología. Yo solo puedo dar fe de lo que nos tocó vivir a nosotros.

Durante varios años Tita tomó unas gotas llamadas Haldol —de acuerdo con el *Vademécum*, estas se recetan para contrarrestar alucinaciones, paranoia, confusión, hipocondrías, alteraciones de la personalidad, manías, demencia, agitación, agresividad y alteraciones de la conducta—, que de alguna manera funcionaban, cuando menos a juzgar por el extenso periodo que le fueron recetadas, pero que le provocaban de manera paralela parkinsonismo y acatisia; es decir, la imposibilidad de mantenerse quieta y la consecuente necesidad de moverse, en especial de caminar, y cuando estaba en reposo, de mecerse continuamente como si estuviera sentada sobre una máquina para lavar la ropa (el llamado mal de San Vito). Recuerdo que mi abuela deambulaba sin cesar día y noche por la casa, como una carpa japonesa en un estanque; o, mejor, como un feroz felino enjaulado buscando a quien atacar.

Debido a sus deambulares nocturnos, Tita solía despertarse tarde y desayunar en la cama. Me acuerdo porque, además de tener una de esas mesitas plegables que se colocan sobre el colchón (y que yo envidiaba), acostumbraba a comer cereal All-Bran remojado en jugo de naranja o papaya, en lugar de leche, y acompañarlo con un vaso de cultivos búlgaros (yogur casero) con tres gotas de ajo. Costumbre que en ese entonces me parecía de lo más exótica; no obstante, hoy en día me lleva a reflexionar que, aunque todavía no estuvieran de moda los probióticos y prebióticos, con tal desayuno mi abuela estaba atendiendo a su microbiota intestinal (ni más ni menos que nuestro segundo cerebro, a decir del consenso científico contemporáneo). A lo mejor las personas esquizofrénicas, con esa propensión marcada a escuchar voces dentro de su cabeza, cuentan también con una intuición más aguda para atender a las multitudes que nos habitan.

Ahora que lo pienso, y hablando de farmacopeas y reacciones adversas, otro paquete que parecieran arrastrar los genes que compartimos en esta familia, y que bien podría estar relacionado con lo que sea que tuviera descompuesto mi abuela a nivel sináptico (o que, en todo caso, quizá forme parte de las condiciones propicias para que germine la semilla de la esquizofrenia si es que se presenta), tiene que ver con todavía otro tipo de fieras interiores que aún no hemos mencionado: las de los consumos compulsivos y las adicciones.

Lo anterior, a juzgar por la frecuencia con la que se presentan cuadros de alcoholismo y/o abuso de sustancias dentro del árbol genealógico en el que me tocó nacer; sin ir más lejos, dos hermanos de mi madre fueron alcohólicos; el Güero, de hecho, murió a causa de la cirrosis hepática a los 53 años de edad. Y haciendo un breve repaso de mi generación, tanto de primos y primas en primero como en segundo grado, me parece que son mayoría quienes han terminado en centros de desintoxicación o que, en todo caso, lo tenían bien merecido (lo teníamos bien merecido para ser honesto), pero la libraron.

Puede ser que algunos de los efectos colaterales que se manifestaban en el cuerpo de mi abuela, por otra parte, no se debieran únicamente al consumo rutinario de fármacos, sino que de alguna manera había ciertas condiciones preexistentes a la patología mental mezcladas en la ecuación —de forma similar que aquella tendencia hacia los enganches compulsivos de la que hablaba—. Efectos no necesariamente nocivos, en este caso, diseminándose desde el centro de su persona, o quizá más bien desde nuestros ancestros, hacia el resto de la parentela. Me refiero a la inclinación hacia un discurso interior hiperactivo y una imaginería visual copiosa, eso que en su expresión más exacerbada se ha dado por llamar últimamente hiperfantasía, y que, hasta cierto grado, me parece que predomina en nuestra familia. Pero para poder explicar bien a bien de qué se trata todo esto, quizá sea más claro si comenzamos por el extremo opuesto del espectro perceptivo: la afantasía.

Así como el cerebro de mi abuela era frenético y propenso a desbordarse al punto de perder la noción de que el discurso que la atormentaba emanaba de sus propios adentros, hay quienes experimentan lo contrario. Personas que no cuentan con voz interior. Cerebros que no conocen el diálogo interno y que, por ende, podrían ser inmunes a las alucinaciones de carácter auditivo, y para el caso, también hay aquellos que podrían serlo a las de tipo visual.

El término «afantasía» fue acuñado por el neurólogo británico Adam Zeman en 2015 para referirse a las personas que carecen de la capacidad de generar o evocar imágenes mentales. Es decir, cuyo pensamiento e imaginación no incorporan reproducciones visuales y cuya memoria episódica no apela a la representación gráfica; estos sujetos no ven imágenes en su mente, ni cuando recuerdan, ni cuando formulan ideas, ni al pensar en alguna persona o fantasear sobre el futuro y en muchos casos ni siquiera cuando sueñan. Los conceptos sobre los diferentes objetos están ahí en su pensamiento, pero simplemente no los pueden ver.

El primer caso que estudió Zeman de esta condición se trató de un paciente que perdió la capacidad de evocar imágenes tras una intervención cardiaca, debido a lo cual fue capaz de distinguir el cambio de experiencia mental y así poder reportarlo: al salir del quirófano, su pensamiento había dejado de estar basado en imágenes. Sin embargo, a partir de que se le otorgó un nombre particular al fenómeno y comenzó a prestársele la atención debida, se han registrado decenas de miles de personas con experiencias afines y desde el nacimiento (sobre todo en el mundo anglosajón, que es donde se le ha dado mayor difusión al tema) se estima que podría haber decenas de millones a nivel mundial.[8]

De hecho, desde que emitimos un par de episodios de *Masaje Cerebral*, el podcast que conduzco junto con Claudio Martínez, dedicados al asunto, algunas personas —tanto desconocidas como sorprendentemente cercanas, sin ir más lejos uno de los mejores amigos de mi madre al que conocemos desde hace 30 años— nos han contactado para comentarnos que eso que describíamos en el episodio coincidía con su forma particular de procesar el mundo, pero que de alguna manera nunca se habían planteado como si fuese algo significativo o diferente.[9] Por supuesto que la normalidad se basa en la experiencia subjetiva de cada quien. Si desde el nacimiento tú percibes el entorno de cierto modo —digamos si ves las letras o los números de colores (como sucede en algunos tipos de sinestesia) o si no disciernes entre ciertos colores (daltonismo) o si no formas imágenes mentales—, esa es la realidad para ti, y no es sino hasta que alguien te lo hace notar, o descubres que tus compañeros en la escuela operan de forma diferente, que te percatas de que no funciona así para la mayoría.*

A medida que los reportes de casos de afantasía aumentaron comenzó a surgir evidencia de que la visión no es el único sentido afectado. Hay personas que no pueden evocar olores o sabores, por ejemplo, y también las que son incapaces de construir sonidos. Sin embargo, no fue sino hasta 2021 que los neurólogos Rish Hinward, de Nueva Zelanda, y Anthony Lambert, de Inglaterra, postularon el término «anauralia» para referirse a aquellas personas cuya mente es completamente silenciosa. De forma similar a lo que ocurre con las imágenes en el caso de la afantasía, quienes presentan anauralia no cuentan con una dimensión sonora en su mente, es decir, que no tienen ni voz ni oído interior: no pueden imaginar el ladrido de un perro, escuchar dentro de su cabeza una canción de su agrado o traer a colación el timbre particular de voz de algún conocido. Sus recuerdos y sueños son mudos, no tienen monólogo interno y cuando leen no emulan diálogos en su pensamiento.[10]

A pesar de lo que podría sugerir la intuición para quienes tenemos el pensamiento anegado por imágenes y sonidos, ni la afantasía ni la anauralia son condiciones en sí mismas debilitantes, por el contrario, la carencia de incidencia sensorial en un área dada puede favorecer el razonamiento abstracto y el poder de concentración, dado que existe menos ruido en la mente. «Los cuestionarios de Zeman revelaron que las personas con afantasía tenían más probabilidades

* Si las líneas mencionadas hacen eco con la experiencia del lector, se recomienda visitar el portal de la comunidad de personas con la condición «Aphantasia Network»: https://aphantasia.com/.

que el promedio de tener un trabajo que involucrara ciencias o matemáticas. El pionero del genoma humano, Craig Venter, incluso afirmó que la afantasía lo había ayudado como científico al eliminar las distracciones», reportó Carl Zimmer en *The New York Times*.[11]

En el lado opuesto del espectro, y posiblemente con una prevalencia más marcada, se encuentra la hiperfantasía (con base en sus encuestas, Zeman y sus colegas calculan que el 2.6% de las personas presenta hiperfantasía, mientras que apenas el 0.7% presenta afantasía, de acuerdo con el artículo citado de Carl Zimmer). Estas personas experimentan visiones muy intensas, al punto de que en ocasiones generan recuerdos falsos, como si fuesen ensoñaciones tan vívidas que no se sabe si fueron reales o no. Por otra parte, podría ser que sus recuerdos visuales sean tan nítidos que los dote de algo cercano a la memoria fotográfica. Estos sujetos pueden, por ejemplo, imaginar sin mayores problemas el mapa de las casas en las que vivieron de niños, pudiendo recorrer sus espacios dentro de la mente, o el plano de sus tránsitos habituales por la ciudad. Y su pensamiento visual brota sin freno en animadas secuencias cinematográficas que pueden ser moldeadas a voluntad. Dado que se trata de un espectro, por supuesto que todo esto puede experimentarse en distintos grados. La hiperfantasía es solo la porción más extrema del conjunto.

Con relación a si existe algo parecido en términos auditivos, algo así como la hiperauralia, contar con un monólogo interior más activo de lo normal (o con un oído interno más vívido), se antoja decir que sí, aunque el campo de estudio es joven y no se han publicado investigaciones específicas al respecto.

Me pregunto si el efecto exagerado de tales funciones cerebrales podría estar ligado de alguna manera con la esquizofrenia, si la inclinación hacia la exuberancia sensorial en la mente —digamos cuando esta alcanza su grado más severo y se pierde la conciencia de que las ensoñaciones excesivas o el discurso interior exacerbado son producto de uno mismo— desempeña un papel determinante a la hora de que se manifiesten esta y otras patologías mentales con tendencias hacia la alucinación y el delirio. Estirando tal tren de pensamiento: ¿las personas con afantasía y/o anauralia están, en efecto, blindadas de este tipo de enfermedades? O ¿quizá sus alucinaciones, en todo caso, son de carácter conceptual y no sensorial? Por ahora eso es un misterio. Como también lo es si tales parámetros sensoriales, ya sean a la baja o al alza, son producto de la herencia genética. Pero una vez más se antoja decir que así es. Y, aunque no soy experto, puedo ofrecer una teoría basada en la experiencia de mi familia.

Si reproducimos el árbol genealógico desde el nodo conformado por la generación de mi abuela, encontramos una abundancia consistente de perfiles con vocación narrativa entre sus descendientes, incluyendo varios escritores, cineastas y dramaturgos, así como otros perfiles con vocaciones hacia la plástica; mi abuela misma cultivaba la pintura. Con lo cual no necesariamente quisiera implicar que exista un vínculo entre la esquizofrenia y la creatividad artística, o no de manera directa, pero quizá sí entre la tendencia hacia la hiperfantasía y ambas cosas; algo así como si se tratara de un triángulo de interrelaciones entre los tres factores.

Ampliando lo que estoy proponiendo, soy consciente de que la esquizofrenia que florece tardíamente en la vida no sigue una pauta estrictamente hereditaria, pero a lo mejor la propensión a la fantasía cuantiosa o a la verborrea mental acelerada sí, y si las condiciones se prestan, eso probablemente encauce a fomentar la actividad narrativa o plástica que menciono —tal y como sucede en el caso del talento musical o la pericia matemática en otros árboles genealógicos—, o en su defecto, podría servir a manera de abono si la semilla de la esquizofrenia se siembra debido a algún factor externo (como entrar en contacto con ciertos parásitos durante el desarrollo fetal o durante la infancia temprana). Es decir que la tendencia a la exuberancia sensorial mental, más que *un efecto de*, podría ser *un precursor a*. En cuyo caso, e insisto en que estoy especulando, si mi abuela representaba el extremo del vendaval mental (las fieras interiores en su encarnación más desatada), quizás el resto de la progenie cabalgamos por ahí en su aura.

NUESTRA SEGUNDA MENTE

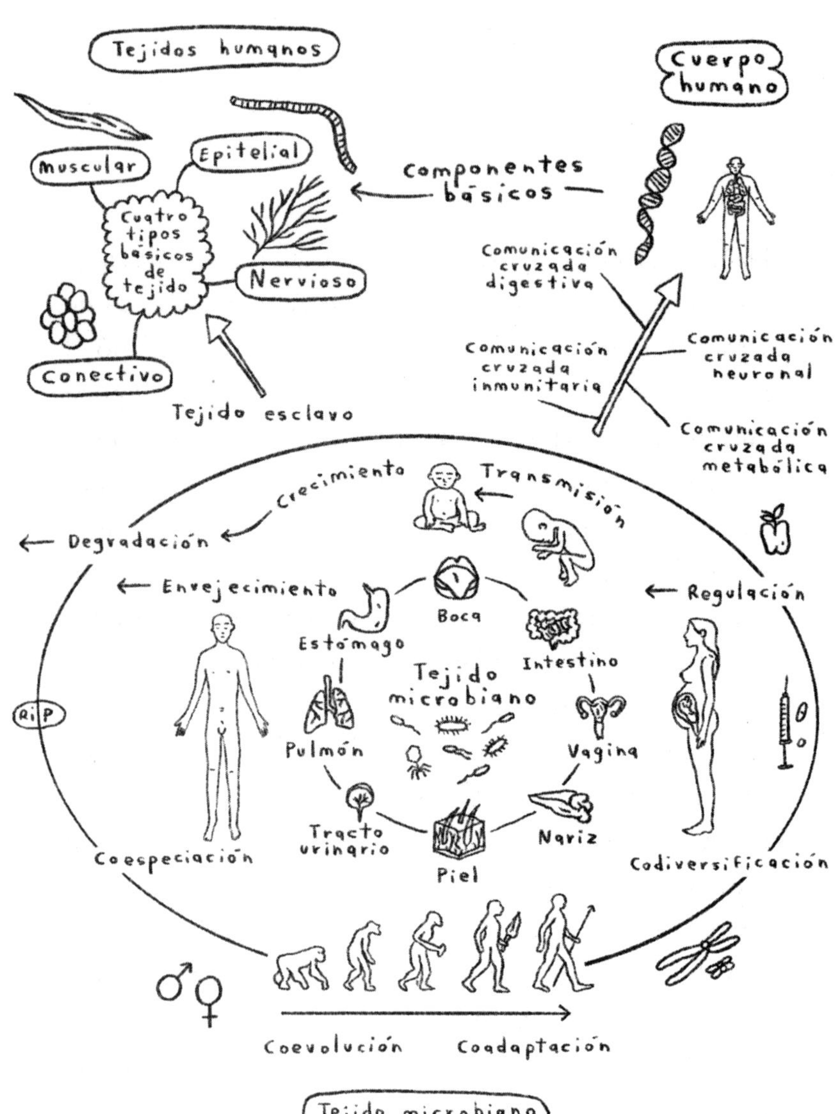

Tejidos humanos
Muscular
Epitelial
Cuatro tipos básicos de tejido
Nervioso
Conectivo
Tejido esclavo
Componentes básicos
Cuerpo humano
Comunicación cruzada digestiva
Comunicación cruzada inmunitaria
Comunicación cruzada neuronal
Comunicación cruzada metabólica
Crecimiento
Transmisión
Degradación
Envejecimiento
Regulación
RIP
Boca
Estómago
Intestino
Tejido microbiano
Pulmón
Vagina
Tracto urinario
Piel
Nariz
Coespeciación
Codiversificación
Coevolución
Coadaptación
Tejido microbiano

Damiana, como finalmente nombramos a nuestra hija, acabó su etapa de parasitar el vientre de Ana Jacoba el 14 de septiembre de 2016, día en el que la pirañita emergió al mundo por parto natural. Eran las tres de la tarde y poco faltó para que me desmayara por la impresión. Hasta ese momento había asumido tal posibilidad, la de caer desvanecido ante el *shock* de atestiguar un parto, como una exageración. Un lugar común de las películas o, en todo caso, un cliché anecdótico para no detenerse demasiado en asuntos íntimos. Pero déjenme decir que no es el caso. Para quienes no trabajamos en el sector médico, se trata de una de las escenas más impactantes que puedan contemplarse. La cabecita brotando toda comprimida, seguida de pronto por un cuerpecillo morado y viscoso que va apareciendo como si estuviese siendo regurgitado. Y después, mientras que la pequeña criatura humanoide hinchada por todas partes y con el rostro compungido de un guerrero mongol a media pelea comienza a retorcerse, emerge la placenta: una especie de hígado palpitante envuelto en tejidos conectivos que pareciera haber salido de cualquier lado menos del interior de un cuerpo humano. Nada me había preparado para eso.

¿Amor? ¿Ternura? ¿Quedar conmovido? Todavía no me había dado tiempo para experimentar todas esas cosas. Pues estaba sopesando cómo podía ser posible que esto tan sobrenatural que acababa de presenciar, un ritual de contracciones, gritos y rugidos completamente salido de todo parámetro de la experiencia consciente, fuera algo normal, y, de hecho, una de las pocas cosas que compartimos con absolutamente todo el resto de las personas. Hasta que el llanto de la criatura, que ahora yacía sobre el torso expuesto de su madre, me impidió tener cualquier otro pensamiento que no fuera el de la maravilla absoluta (y, a la vez, angustia ante la pérdida). Menos mal que todo había salido bien, porque justo ese contacto entre pieles, entre neonato y mamá quiero decir, es a lo que en verdad quería llegar ahora, ya que en ese preciso instante —además de a través del canal de parto— es que comienza a transferirse la microbiota al ser recién nacido. O sea el bestiario de microorganismos que a partir de ese momento comenzarán a habitar a la nueva persona y que tantas funciones esenciales desempeñarán a lo largo de su vida.

Dado que en los albores de este libro tocamos brevemente la dimensión de los parásitos microscópicos que pululan en los paisajes interiores de nuestro microbioma, y señalamos su importancia para mantener la salud personal a tono, me parece pertinente sacar nuevamente el microscopio y traerlos una vez más a cuenta en este ocaso del manuscrito. Porque a veces en el fuero más pequeño del ser es donde suceden los acontecimientos de mayor trascendencia. O si se prefiere: no fui yo, fueron mis bacterias.

Pocas cosas nos gustan más a los mexicanos que hablar de comida. Conversamos sobre lo que vamos a cenar mientras engullimos el almuerzo. Planeamos el desayuno del día siguiente al tiempo que calentamos la merienda. Ensoñamos las posibilidades culinarias del fin de semana desde el martes. Nos enfrascamos en discusiones acaloradas respecto a cuáles son los mejores tacos de suadero de la ciudad, en qué esquina se resguardan los tamales más jugosos y si el pozole verde debería llevar, o no, un huevo crudo batido además de sardina y chicharrón. No podría decir con exactitud qué porcentaje del día pasamos saboreándonos con la mente, pero de lo que no cabe duda es que este plazo se incrementa a razón proporcional con la lejanía que nos separe del terruño. Nada como un viaje prolongado a tierras distantes para desatar la nostalgia gastronómica más exacerbada y que así añoremos, ya no digamos los chilaquiles o los chiles rellenos, sino hasta el caldo de gallina. Supongo que en ese sentido se podría afirmar que los vástagos del maíz en buena medida pensamos con la barriga.

Desde luego que no se trata de una aseveración promulgada a la ligera, puesto que, a la luz de hallazgos recientes, nuestros intestinos —específicamente los microorganismos que integran su biota— comienzan a ser concebidos como una especie de segundo cerebro. O, si tal figura retórica sonara un tanto exagerada, su influencia en menesteres emocionales, patologías mentales y pautas de comportamiento prueba ser determinante. Y no me refiero únicamente a las entrañas mexicanas sino a las de toda nuestra estirpe. Esto yo lo sé muy bien, debido a que durante un tiempo me fue privado ese dichoso rasgo de carácter. Yo, que de adolescente era perfectamente capaz de desayunarme un huachinango al ajillo, comencé a tener serios problemas para batallar hasta con un queso fundido (del puerco con verdolagas y de la cochinita pibil, mejor ya ni hablemos). Y la indigestión, es bien sabido, demerita el espíritu.

«Todos somos idénticos en nuestra secreta y tácita creencia de que en el fondo somos diferentes de todos los demás»,* sentencia David Foster Wallace. Pero lo cierto es que, al menos en términos del ADN humano, todos somos prácticamente idénticos: compartimos más del 99.9% de los genes con el resto de las personas. No obstante, en lo que respecta a las comunidades de microorganismos que nos acompañan, diferimos notablemente, puede ser que compartamos apenas el 10% de nuestro microbioma con quienes nos rodean.

De acuerdo con Rob Knight, autor de *Follow Your Gut*: «Estas diferencias pueden explicar una enorme gama de variaciones entre individuos, desde el peso hasta las alergias; desde nuestra probabilidad de enfermar hasta nuestro nivel de ansiedad». Y es que cada vez se establecen correlaciones más estrechas entre los microbios que nos habitan, o en su defecto la ausencia de ellos, y la propensión a desarrollar distintas enfermedades, incluyendo la obesidad, la artritis, el autismo y la depresión. «Casi cualquier cosa que podamos imaginar tiene un efecto sobre el microbioma: las medicinas, la dieta, si eres el hermano mayor, si tienes mascotas o cuántas parejas sexuales tienes», insiste Knight, quien postula que, a merced de los descubrimientos actuales, dichos microbios están tan profundamente involucrados en el grueso de aspectos que demarcan nuestras vidas que están

* Traducción propia de la frase original: *«Everybody is identical in their secret unspoken belief that way deep down they are different from everyone else»*.

forzándonos a tener que redefinir nuestro entendimiento de lo que significa ser humanos.[1]

Literalmente hay trillones de especímenes distintos que nos llaman hogar; tantos que superan con creces a las estrellas contenidas en la Vía Láctea —se estima que cada persona alberga alrededor de 100 trillones de microbios; en comparación, la Vía Láctea cuenta con aproximadamente 400 millones de estrellas—. En conjunto, dichos seres microscópicos moldean nuestros órganos, nos dotan de identidad inmunológica y odorífica, resultan imprescindibles para la descomposición y absorción de nutrientes y desempeña un papel fundamental dentro de nuestra conducta tanto a nivel de individuos como de especie. Sin ir más lejos, la composición de la lecha materna —me enteré cuando Ana Jacoba estaba amamantando a Damiana—, en su mayor parte está destinada a alimentar no tanto a la cría como a la microbiota que se desarrolla en su tracto digestivo; sin la cual, insisto, el bebé no podría desarrollarse.

Es más, posiblemente el microbioma desempeñe un rol decisivo a la hora de la atracción y de elegir pareja, ya que nuestro olor característico está configurado por las comunidades bacterianas que cargamos a cuestas, y todo el mundo sabe que el amor no nace de la vista, sino del olfato. Cuando menos en las moscas *Drosophila* se ha demostrado que el microbioma figura como el factor determinante de sus procederes reproductivos. Y si bien nos gusta ufanarnos de ser tremendamente más complejos y románticos que los insectos, lo que es seguro es que ese vaho particular que diseminamos resulta crucial para que algunos individuos prueben ser más atractivos que otros, si no a los ojos de parejas potenciales, sí tratándose de los moscos que nos acechan.

«En palabras de Oliver Sacks: "Nada es más importante para la supervivencia e independencia de los organismos, sean elefantes o protozoos, que mantener un medio interno constante". Y para mantener esa constancia, los microbios son esenciales», asegura Ed Yong en *I Contain Multitudes* —posiblemente la biblia contemporánea de la divulgación científica sobre el microbioma—. «[Los microbios] cooperan en el almacenamiento de grasa. Ayudan a reponer los revestimientos del intestino y de la piel, reemplazando las células dañadas y moribundas por otras nuevas. Aseguran la inviolabilidad de la barrera hematoencefálica, una apretada red de células que deja pasar nutrientes y moléculas pequeñas de la sangre al cerebro, pero impide el paso a sustancias y células vivas más grandes. Incluso influyen en la remodelación incesante del esqueleto, haciendo que se deposite material óseo nuevo y se reabsorba el material viejo».[2]

Mis pesares comenzaron hará un par de años, cuando rondaba los 35. Hasta ese momento, salvo por una que otra crisis ligera de colitis nerviosa y alguna salmonelosis esporádica, mis tripas habían pasado relativamente inadvertidas para mí. Digamos que en términos generales mis procesos digestivos transcurrían como en un anuncio de All-Bran, como si obraran al compás de un reloj, quiero decir. Sin embargo, de un momento a otro la armonía se rompió y comencé a comprender lo que significa estar *constipado*. Por otro lado, había días en los que confrontaba exactamente lo opuesto: diarreas transitorias sin que hubiera una razón aparente de ello. También por esos tiempos descubrí las desdichas intrínsecas de la inflamación abdominal, el reflujo, el ardor estomacal, los retortijones, el espasmo esofágico y el exceso de gas.

La ecología intestinal se parece un tanto a las dinámicas suscitadas en el medio silvestre; se trata de un equilibrio dinámico que responde a flujos poblacionales e interacciones entre las diferentes clases de organismos que componen el panorama biótico del sistema y es propenso a degradarse rápidamente si las condiciones no son las adecuadas. A veces una especie invasora hace cimbrar los pilares sobre los que se sostiene el delicado balance del entramado microbiano; otras, el crecimiento desmedido de algún grupo de especímenes agota los recursos necesarios para que los demás puedan prosperar, o bien, la ruptura puede originarse debido a la injerencia de algún factor externo, como antiparasitarios y antibióticos que, cual napalm farmacológico, incineran todo lo que encuentran a su paso.

También puede suceder que la alteración produzca que un grupo de microorganismos dados, que usualmente no figuran como agentes patogénicos, adopten una configuración poblacional que cause problemas a su hospedero, estado denominado como *disbiosis* (pues se rompe la simbiosis que usualmente marca nuestra relación con ellos). Al respecto Ed Yong dice: «Esto altera el microbioma, cambia la proporción de especies dentro de él, los genes que estas activan y las sustancias químicas que producen. Esta comunidad alterada todavía se comunica con su anfitrión, pero el tenor de su conversación cambia. A veces se vuelve literalmente inflamatoria, y esto ocurre cuando los microbios sobreestimulan el sistema inmunológico o lo embaucan para penetrar en tejidos donde no deben estar. En otros casos, los microbios empiezan a infectar de manera oportunista a sus anfitriones».

Viéndolo en retrospectiva, me parece que el factor disruptivo que desencadenó la debacle de mi ecología gastrointestinal fue una serie de antibióticos encadenados que me vi forzado a tomar para combatir una cruenta infección de garganta (que por varias semanas salpicó mis amígdalas de grotescos nódulos blancos que me dificultaban incluso tragar saliva; a decir verdad, ante tal situación desesperada, agradecí que la medicina moderna hubiese tenido a mano un remedio efectivo, así fuese con todo y su cascada de efectos secundarios). El caso es que sí me curé, de la garganta por lo menos, pero los bombazos farmacológicos debieron haber matado a enemigos y aliados por igual, dejado mi interior estéril. El problema fue que, tras extensas dosis de probióticos y prebióticos —los probióticos contienen microorganismos vivos mientras que los prebióticos son un tipo especial de fibra alimentaria que favorece la proliferación de ciertas bacterias—, las molestias digestivas no solo persistieron, sino que se incrementaron; lo cual me llevó a sospechar que debía de haber otra variable en el asunto.

Sea cual sea su origen, dichas alteraciones en la composición del microbioma han sido ligadas a toda índole de predicamentos inflamatorios, desde la obesidad y la colitis ulcerante, hasta el mal de Crohn, la esclerosis múltiple y la gastritis causada por *Helicobacter pylori* o el cuadro de la temible superbacteria *Clostridium difficile*. Afortunadamente existen procedimientos que, al igual que sucede en el caso de los ecosistemas degradados, permiten restaurar, cuando menos hasta cierto grado, el entorno microbiano. Quizá pueda sonar como una medida un tanto extrema, pero se puede recurrir al trasplante fecal. Es decir, trasladar el microbioma de una persona sana al paciente, en espera de que este consiga establecerse en el nuevo territorio y repoblar de esta manera el área afectada. Algo así como una reforestación intestinal que, a su vez, asienta el terreno para que otras especies benéficas retornen a él y pueblen el paisaje.

¿Tendría yo algún parásito de tipo nocivo alojado en mis tejidos, amibas o giardias, por ejemplo? ¿O podría ser acaso que fuera intolerante a la lactosa o alérgico al gluten? Los estudios pertinentes desbancaron tales hipótesis. ¿Problemas con el bazo, el hígado o algún otro órgano interno? Una visita al gastroenterólogo, con sus pruebas respectivas, corroboró que todo estaba en su lugar. ¿Sería entonces que mi consumo excesivo de mezcal o el abuso rutinario del café tuvieran algo que ver?

Con el transcurrir de los meses tuve que aceptar que los agravios habían llegado para quedarse: que esta era mi *nueva normalidad*, como decimos ahora. Desde luego que mi dieta cambió de manera significativa a raíz de las dolencias; el ceviche fue sustituido por las milanesas de pollo, el mole de olla por la sopa de fideos, las albóndigas al chipotle por el inocuo sándwich de jamón. Gracias a una serie de paliativos —Riopan, trimebutina, dimeticona, omeprazol— más o menos pude seguir adelante con mi vida, al tiempo que asimilaba la noticia de que todo parecía indicar que la edad finalmente me había alcanzado. Fue entonces que comenzó a achacarme una extraña depresión sin sentido. Y no solo es que me encontrara decaído por el estado de mis tripas, sino que el socavón emocional al que me refiero era uno bastante más profundo y desconcertante. De hecho, conforme el pozo del desgano se tornaba más espeso, y el desinterés y la tristeza engullían mis días, dejé incluso de poder trabajar.

Y es que, como mencionábamos al principio, el microbioma (en particular aquel que merodea en nuestros intestinos) cuenta con la facultad de poder comunicarse de manera directa con el cerebro y, en consecuencia, incidir sobre nuestro comportamiento. Algunas bacterias tienen efectos puntuales sobre la secreción de hormonas y la síntesis de ciertos neurotransmisores, como *Clostridium* sobre la serotonina —relacionada con el control de las emociones y del estado de ánimo, los procesos cognitivos, el apetito y el deseo sexual—, o *Enterococcus* y *Escherichia* sobre la dopamina —ligada a la concentración, la motivación y la memoria— y la norepinefrina —que actúa en la excitación y la alerta—; otras bacterias generan diversos metabolitos secundarios de actividad neuroactiva relevante o producen ácidos grasos de cadena corta, como el butirato que, además de fungir como un modificador epigenético importante, tiene afecciones sobre la memoria y la plasticidad sináptica al inhibir las histona-deacetilasas.[3] Hay evidencias que sugieren, incluso, que una posible causa del autismo podría estar vinculada a desajustes en el microbioma durante el neurodesarrollo.[4]

Uno de los ejes de comunicación entre el intestino y el sistema nervioso central, a decir de John Cryan de la Universidad de Cork en Irlanda (una de las eminencias en el bullente campo en cuestión), parece ser el nervio vago, o cuando menos se ha demostrado en modelos experimentales con ratones que, si se corta dicho nervio, gran parte del flujo de la comunicación microbiana entre ambas regiones del cuerpo se ve interrumpida. Lo que aún es un enigma es de qué manera consiguen estimular dicho nervio las comunidades bacterianas que habitan en la biota intestinal. Pero de que esgrimen una influencia determinante sobre el sistema nervioso y nuestros procesos cerebrales ya no hay duda. Cryan ha llegado incluso a postular que absolutamente todos nuestros procesos mentales se encuentran influenciados de alguna manera u otra por la intervención del microbioma intestinal, de ahí que se le llegue a considerar como una especie de segundo cerebro.

Si bien es cierto que la mayoría de investigaciones respecto de la interacción microbioma-cerebro se han realizado en otros animales (otros, digo, porque a fin de cuentas nosotros formamos parte de este grupo taxonómico) y que no siempre es posible extrapolar los resultados de manera automática a nuestra experiencia, cada vez comienzan a surgir más estudios en humanos desde los campos de la neuropsicología y el neurodesarrollo que paulatinamente corroboran el marco teórico. En la Universidad de Ohio, por ejemplo, se ha demostrado que existe una asociación entre la composición del microbioma intestinal y el temperamento durante la infancia temprana y cómo esto desempeña un papel significativo sobre el comportamiento y el desarrollo social de los infantes.[5]

Kirsten Tillisch y Emeran Mayer de UCLA, por su parte, están empleando imagenología de resonancia magnética para observar el impacto de probióticos específicos sobre el funcionamiento cerebral y han establecido que las bacterias pueden influenciar la estructura cerebral y la respuesta a estímulos emocionales en mujeres adultas sanas.[6] En otros estudios recientes con voluntarios sanos, en Oxford, se ha visto que al modular el microbioma alterando las poblaciones de ciertas bacterias por medio de prebióticos se generan cambios significativos en el estado de ánimo y en los niveles de cortisol (la hormona ligada al estrés) de los participantes.

De hecho, la trascendencia de las cascadas de señales microbianas provenientes desde las tripas ha generado tal furor en la academia que incluso se ha acuñado el término *psicobiótico* para designar a las bacterias que acarrean un beneficio mental potencial; tales como ciertas cepas de *Lactobacillus* y de *Bifidobacterium*, y que en el futuro podrían figurar como tratamientos prometedores para lidiar con la depresión, el autismo y la ansiedad.[7]

Al final el remedio llegó de manera completamente espontánea. Se trató de un factor tan insospechado por mi cuenta que me tardé unas semanas en comprender que probablemente esa era la causa de que mi microbioma estuviera vuelto un caos. Sucedió poco antes de que comenzara la pandemia que tenemos fresca. Es decir, a principios de 2020. Y es que justo a la par del confinamiento se agotaron las vitaminas que llevaba tomando desde hacía largo rato —uno de esos complejos vitamínicos mercados por las cadenas farmacéuticas que incluyen varias docenas de compuestos—. Lo central es que, entre que estábamos procurando quedarnos en casa y que las entregas a domicilio de las farmacias estaban totalmente rebasadas, fui procrastinando hacerme de un nuevo frasco de las mentadas vitaminas y coincidentemente poco a poco mis malestares gástricos se fueron esfumando.

A lo mejor me equivoco, y la verdadera razón fue otra, quizá tener una hija de tres años en casa tuvo algo que ver. Digo, siempre estará la posibilidad de que el remedio real haya sido que yo recibiera un trasplante fecal de su parte de manera inconsciente y desde luego involuntaria (digamos que la higiene de las cachorras es un asunto cuestionable, por decir lo menos), pero el punto es que volví a ser el de antes. Mis sufrimientos gástricos y anímicos se desvanecieron y una vez más puedo jactarme de ser uno de esos mexicanos que gustosamente pensamos con la panza.[8]

Mi familia y otros animales

A decir verdad, mi abuela siempre fue más de perros que de gatos. Desde que era pequeña, hasta que ya había formado su propia familia, la presencia canina fue una constante en sus días. Algunos de los perros que tuvieron mis abuelos y sus cuatro hijos a lo largo de los años fueron un basset hound llamado Galaor, que se bebía los vasos de leche y se robaba los filetes desatendidos, los relativamente agresivos pastores alemanes el Mosco y la Cobra, y un collie de modales refinados de nombre Gevrey Chambertin. Aunque también hubo gatos en la casa, Gersonia se llamaba la gata que tuvo mi tía Berta y Dastefano el que tuvo mi madre unos años más tarde. Humberto, por su parte, era partidario de los conejos y de los loros y Hugo tuvo de todo, incluida una tortuga de tierra que vivió durante muchas décadas suelta, o más bien casi siempre enterrada, en el jardín.

En cierta ocasión, Hugo llegó a construir el paraíso de las ranas. Un gran estanque excavado en una esquina del jardín que sería poblado por los anuros que él atrapaba pacientemente en las inmediaciones de lo que llegaría a ser el gran canal del desagüe de la capital mexicana, proyecto en el que estaba laborando mi abuelo como ingeniero civil por aquel entonces y uno de los lugares a los que iba a pasear la familia los fines de semana. Sin embargo, el paraíso de las ranas tristemente nunca llegó a término, o cuando menos sus moradoras no solían sobrevivir por mucho tiempo, pues mi abuela (probablemente en uno de sus primeros desplantes paranoides) demandaba que los anfibios fueran desinfectados con sendos baños de cloro y alcohol al llegar a la casa, para que no fueran a contaminar el entorno hogareño con sus impurezas.

Me pregunto si con ello Tita pudo haber truncado una posible veta biológica ferviente en mi tío. ¿Podría ser que, debido a tales frustraciones zoológicas de la infancia, el buen Huguito se perfilara más hacia las letras y la filosofía que hacia la ciencia de los animales que tanto lo siguen cautivando al día de hoy? Quién sabe, pero no por nada suele acertarse que infancia es destino. Lo que es seguro es que esas ranas del paraíso fallido no fueron las únicas criaturas que sucumbieron a manos de mi abuela antes de ser diagnosticada.

Una vez, guiada por un impulso que quizá más que saña emanó de su propia confusión, convenció a la tropa de hijos (por esos entonces aún pequeños) de que los pollitos que acababan de ganarse en la feria eran en realidad patitos y los instó a dejarlos nadar en la fuente, con el desenlace funesto que puede imaginarse. También desterró a un borrego, obsequio de la nana Mari López para la familia, que se comió las flores del jardín. Y un día mientras maniobraba en el garaje arrolló por accidente al Sapo, un pequeño bulldog blanco que Hugo le había regalado a mi mamá (14 años más chica que él) y que, pese a ser propenso a que se le trabaran las mandíbulas cuando le mordía el brazo, era la adoración de mi mamá cuando era niña.

Curiosamente ese es otro paralelismo con el relato ya mencionado de Margarita García Robayo, «Rapto de locura», en el que la autora menciona un episodio semejante protagonizado por su propia madre:

Esa mañana había atropellado, sin querer, a nuestro perro Junior. Ella salía del garaje en reversa, iba de prisa; él dormía detrás de la rueda trasera. Ya estaba viejo, muy. Y ciego, pobre.

—No sufrió —decía mi mamá—, lo llevé al veterinario y le dieron la inyección, y listo.

—¿Y tú estás bien? —le dije.

Ella asintió rápido y se abanicó con las manos.

—Qué calor —contestó. Y tomó una bocanada de aire voluminosa, como si estuviera a punto de sumergirse en lo profundo del océano. Pero no le alcanzó, porque en seguida tomó otra y otra, y empezó a respirar más rápido sin dejar de abanicarse.

Hiperventilar, se llama a eso, pero todavía no le atribuía nombre a sus síntomas. Solo sospechas.

A diferencia del senil Junior, el Sapo era más bien cachorro, o sea, que mi abuela debió de haber arrancado con bastante velocidad como para que al joven canino no le diera tiempo de esquivar el neumático que le pasó por encima. De cualquier modo, el accidente en ese caso probó ser inmediatamente fulminante y quizá mi abuela, a diferencia de la mamá de García Robayo, ni cuenta se dio de lo que había sucedido.

La versión oficial que le contaron a mi madre durante el resto de su infancia fue que el culpable de machacar a su querido perro había sido el camión de la basura.

De lo que no cabe duda es que, tal y como lo narra la autora colombiana en su relato, no debió de haber sido nada sencillo crecer en casa de mis abuelos, quiero decir para mi mamá y sus hermanos. Los nietos la teníamos más fácil, no nos tocó sufrir las consecuencias de tener una madre volcánica, cuya mente paulatinamente se iba incinerando, y la ausencia de un padre cariñoso, aunque constantemente ocupado por asuntos de ingeniería apremiantes para la nación. Vamos, al fin y al cabo, quizá no sea del todo sorprendente que tanto Humberto como Hugo procedieran a refugiarse en la botella y que posteriormente tanto Berta como mi mamá salieran huyendo de esa casa tan rápido como les fue posible (Berta cuando se quedó embarazada a los 16 años y se fue a vivir a una comuna, y mi mamá cuando se casó con su primer marido a los 18 y entró a estudiar Medicina en la Universidad Nacional Autónoma de México).

LA PRODIGIOSA AUTOFECUNDACIÓN DE LAS TENIAS

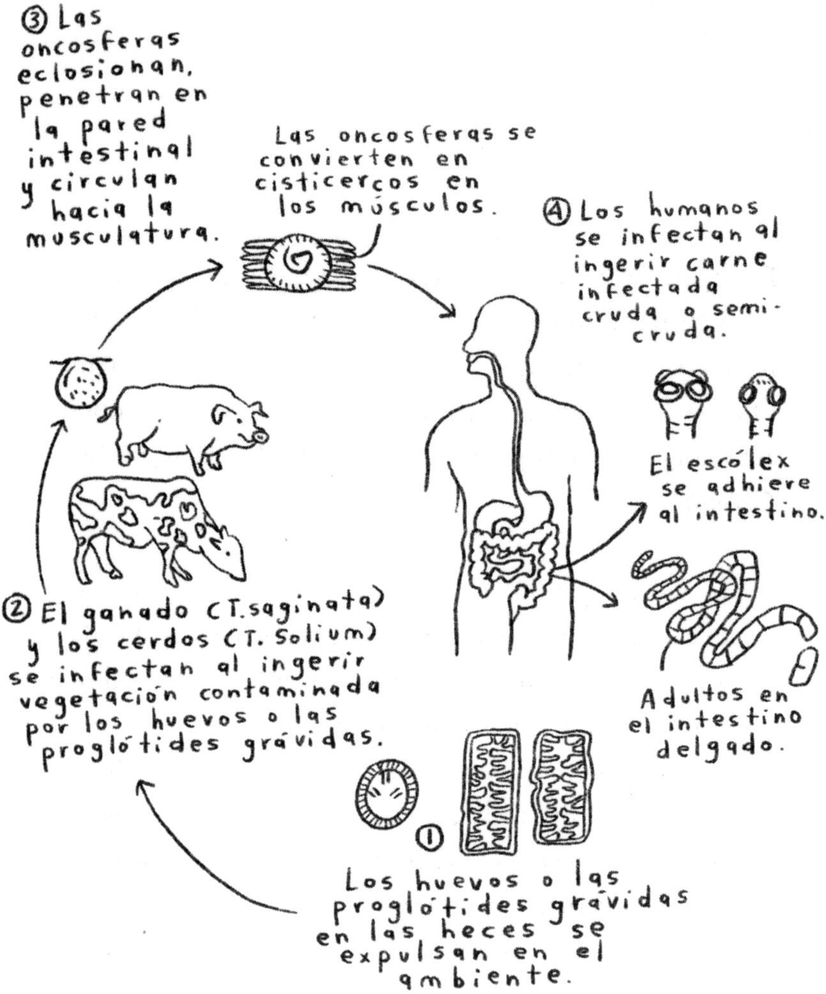

③ Las oncosferas eclosionan, penetran en la pared intestinal y circulan hacia la musculatura.

Las oncosferas se convierten en cisticercos en los músculos.

④ Los humanos se infectan al ingerir carne infectada cruda o semi-cruda.

El escólex se adhiere al intestino.

② El ganado (T. saginata) y los cerdos (T. Solium) se infectan al ingerir vegetación contaminada por los huevos o las proglótides grávidas.

Adultos en el intestino delgado.

① Los huevos o las proglótides grávidas en las heces se expulsan en el ambiente.

En algún lugar leí que los escritores no pueden hacer mucho más respecto a las obsesiones que marcan sus días que no sea darles cauce y, justamente, escribir sobre estas. Tim O'Brien lo pone de la siguiente manera en su magistral obra autobiográfica de la guerra de Vietnam, *The Things They Carried*:

> Tomas el material donde sea que lo encuentres, que es en tu vida, en la intersección entre el pasado y el presente. El tráfico de los recuerdos pone en marcha un engranaje en tu cabeza, donde da vueltas durante un rato, pero pronto entra la imaginación que se entremezcla con el tráfico y así el pensamiento sale disparado por mil avenidas diferentes. Como escritor, lo único que puedes hacer es elegir una de tales avenidas y dejarte llevar, anotando las cosas a medida que se te presentan. Esa es la verdadera obsesión. Todas esas historias. No necesariamente historias sangrientas. También historias felices, e incluso algunas historias de paz.[1]

Desde luego que aquellas batallas que tienen lugar en las trincheras microscópicas de nuestros intersticios no son necesariamente una guerra, o no una acorde al modo en el que solemos entender tales confrontaciones armamentísticas, pues en la naturaleza —nuestros adentros incluidos— no existen tales cosas como la justicia, la crueldad, la desigualdad o la ambición, esas son nociones que solo competen al mundo humano y que nada tienen que ver con lo que acontece en la floresta (la intestinal involucrada, desde luego); no obstante, a nivel metafórico, la analogía bélica puede resultar útil para narrar los procesos inmunológicos (tal y como me aventuré a hacer cuando hablaba de los jardines interiores y los fantasmas evolutivos). Qué vamos a hacerle, solo podemos sacar sentido a los fenómenos que nos rodean basados en nuestra propia experiencia, y, en el caso de la especie a la que pertenecemos, lamentablemente la guerra pareciera ser preponderante.

Pero no estoy haciendo referencia el libro de O'Brien solo por eso, sino por lo que dice hacia el final del párrafo citado: *Esa es la verdadera obsesión. Todas esas historias. No necesariamente historias sangrientas. También historias felices, e incluso algunas historias de paz.* Y es que, aunque lo que vendrá a continuación no tiene nada que ver propiamente con mi abuela o con la esquizofrenia, considero que son cuestiones demasiado atractivas sobre las fieras que nos habitan como para no incluirlas en el presente relato. No sé sí sean precisamente historias de paz, todo depende del ángulo desde el que se les quiera interpretar; sangrientas sí que son un poco, pero felices; o, por lo menos, a mí me producen dicha y asombro por igual. A fin de cuentas, no es todos los días que se tiene la gracia de apelar a algo tan singular en la zoología como la fastuosa capacidad de engendrar descendencia sin la necesidad de que intervenga nadie salvo uno mismo. Más que gloria de la autosatisfacción, estamos ante la utopía del narcisismo. Efectivamente, a lo largo de la evolución, unos pocos gusanos intestinales hermafroditas han conseguido afianzar lo que para cualquier otro animal pertenece al terreno de la fantasía: cruzarse sexualmente consigo mismos.

Estrellas de mar, lombrices de tierra y no pocos anfibios han sido favorecidos también por la evolución con las dotes del hermafroditismo, que en algunas instancias abre la puerta a la notoria posibilidad de disfrutar de ambos sexos al mismo tiempo —pensemos en las delicias del «hermafroditismo simultáneo» del que gozan los caracoles, en el que cada individuo que toma parte en el entrecruzamiento actúa como macho y hembra de forma paralela—. Sin embargo, para generar a más de su tipo y perpetuar la estirpe, ninguno de ellos cuenta con la virtud de poder prescindir completamente de la pareja, tal y como lo hacen las especies partenogenéticas; pensemos, por ejemplo, en las lagartijas cola de látigo mexicanas, del género *Aspidoscelis*, que conforman especies híbridas unisexuales integradas solo por hembras y que procrean sin la necesidad de que intervengan machos ni espermatozoides.[2] No obstante, por muy sorprendente y admirable que pruebe ser la partenogénesis —madres que engendran a otras madres que engendrarán a su vez a otras más—, no es a lo que me refiero ahora, sino a los prodigios de la autofecundación, dominada tan solo por unos cuantos seres acordonados y delgados, designados por sus costumbres ermitañas al interior del lumen intestinal y que encarnan a un ente madre-padre casi mitológico que se aloja en las entrañas de diversos grupos de fauna: las tenias o solitarias. Un grupo de gusanos planos o planarias —filo de los platelmintos, que cuenta con 26 500 especies descritas a escala mundial, aunque se estima que podrían ser más de 100 mil— de la clase de los cestodos que conforman el género *Taenia*, representado en la actualidad únicamente por 32 integrantes.

Su característica más distintiva es ese cuerpo aplanado, blanquecino y segmentado, tan conspicuo que podría decirse asemeja un listón o un *fetuccini* y que, dependiendo de la especie, puede alcanzar la impresionante longitud de 15 metros. Efectivamente, 15 metros de gusano que se alojan en las tripas de los osos, y su parentela vermiforme de talla menor que lo hace dentro de mamíferos variados (incluyendo tigres, leones, pumas, gatos, lobos, coyotes, zorros, perros, conejos, antílopes, mustélidos, roedores, bovinos, porcinos, borregos, cabras, humanos y un largo etcétera). Quince metros, dimensión que podría proponerse como francamente intimidante, ya no digamos para un parásito, sino para el grueso de los animales: tanto invertebrados como vertebrados me refiero. No obstante, el cestodo de las ballenas árticas (*Tetragonoporus calyptocephalus*), pariente cercano de las solitarias, lleva la cuestión aún más lejos al estirarse a lo largo de casi 40 metros y se corona así como uno de los gusanos más largos del mundo. No obstante, el récord de récords en menesteres vermiformes pertenece a un organismo de vida libre, el gusano de cordón marino, *Lineus longissimus*, que sin bien usualmente oscila entre los cinco y 15 metros, en ocasiones llega a los 55, lo que equivale a la longitud de dos ballenas azules, y le adjudica a este ser el de mayor extensión rectilínea de toda la fauna; además de que es venenoso.[3]

Para formularse una idea de las dimensiones con las que estamos tramando al hablar de las solitarias terrestres más grandes podríamos pensar en la plataforma más alta de una torre olímpica de clavados y después sumarle la profundidad de la fosa, luego imagínese una lombriz que se extiende desde el fondo de esa fosa hasta la punta de la plataforma y colóquela dentro de las tripas de un mamífero desafortunado. Ahora que la tenia más grande jamás encontrada dentro de una persona era un poco menos extensa, aunque de ningún modo pequeña, ocho metros con 80 centímetros de largo para ser exactos.

Si su longitud —que por cierto supera a la propia de las pitones, anacondas y resto de la estirpe de las serpientes gigantes— no fuera suficiente, estas planarias cuentan con otros caracteres notables; por ejemplo, los órganos de fijación presentes en su escólex —es decir, en su segmento frontal, lo que en otros organismos representaría la cabeza— y que pueden ser de tres tipos: cuatro ventosas poderosas dispuestas en círculo alrededor de la estructura o un róstelo con varias hileras de ganchos y garfios, o bien, una combinación de ambos. De cualquier manera, de tales aditamentos se vale el gusano para anclarse en el interior de las paredes del intestino de sus hospederos para después, como si se tratara de un calcetín o de una bolsa alargada de aspiradora, robarse los alimentos consumidos por su anfitrión.

Tres de tales bestezuelas invertebradas —*T. solium*, *T. saginata* y *T. asiatica*— resultan de gran trascendencia para las políticas de salud pública, pues el humano funge como su hospedero definitivo; o poniéndolo en términos del invasor: las personas encarnamos ese organismo añorado dentro del cual finalmente puede reproducirse y gestar una familia. Pero el asunto médico no se limita a eso, sino que debido a que procrean en nuestras entrañas se abren dos vías diferentes de transmisión: la, para estas alturas ya familiar, vía de quistes embebidos en la carne con la que nos alimentamos y la que sucede al consumir los huevos directamente. Y en función de cuál haya sido la que detonara el cuadro en cuestión, será que uno pueda acabar con una lombriz de seis metros en la panza o, en su lugar, con un temible cisticerco calcificado dentro del cerebro.

De las tres especies mencionadas, quedémonos solo con las dos primeras, ya que *T. asiatica*, como su nombre científico sugiere, está confinada a países orientales y por lo tanto podría resultar relevante sin duda, pero para libros distintos a este. Las otras dos, *T. solium* y *T. saginata*, cuyas parasitosis en México se cuentan entre las decenas de miles de casos anuales, presentan un ciclo de vida que requiere de infectar a dos hospederos distintos para poder desarrollarse: cerdo-humano y res-humano, respectivamente.

El ciclo comienza cuando el primer hospedero, porcino o bobino, según sea el caso, consume los huevos provenientes de las heces fecales de humanos infestados, estos eclosionan y dan lugar a una oncosfera, la cual migra por el torrente sanguíneo hacia el músculo o sistema nervioso central, lugar en el que se aloja y madura hasta alcanzar la fase larvaria denominada como cisticerco, esto es, una especie de quiste de entre unos cinco y diez milímetros de diámetro que contiene el escólex o porción cefálica de la tenia. Posteriormente, cuando una persona consume dichos quistes embebidos en la carne cruda o mal cocinada del puerco o la res contaminada, el escólex es liberado y, como ya dijimos, se fija en el intestino por medio de sus ganchos o ventosas. Y tan solo tres meses más tarde nuestra querida lombriz, o si se prefiere «solitaria», alcanzará la madurez sexual y con ello la etapa adulta, momento en el que puede alcanzar hasta seis metros de largo y, además, sucede la reproducción: los huevos son liberados junto con las heces fecales de la persona invadida y así el ciclo vuelve a comenzar.[4]

Ahora bien, cuando la transmisión sucede de humano a humano y no de carne de ganado a humano, es que se presenta el cuadro denominado como cisticercosis, que puede devenir en ataques epilépticos e incluso en fallecimiento debido a la calcificación de estos cisticercos en el cerebro y consiguiente bloqueo del flujo sanguíneo al área afectada. Situación que acontece por la ingesta de huevos provenientes de una persona infestada, o para ser más claros: por coprofagia involuntaria, es decir, básicamente porque el taquero, tortero o en realidad chef de cualquier índole —que lo más probable es que ignore por completo que carga una solitaria merodeando en su vientre— no se lavó las manos después de ir al baño. Claro que el contagio también puede suceder por esas fresas u hortalizas regadas con aguas negras y que no fueron desinfectadas de manera adecuada, o por... ponga usted su imaginación a trabajar.

Habría que señalar que lo anterior no necesariamente es culpa del cocinero en turno (más allá de su lesa higiene), sino virtud del parásito. Pues la invasión no solo es sigilosa en extremo, sino que involucra una serie de compuestos (metabolitos secundarios) secretados por el huésped cuya finalidad —como ya no debería resultar sorpresivo— es mantener las entrañas de su hospedero en paz. Sin ir más lejos, se han registrado casos en los que una solitaria parasitó a un paciente por más de diez años sin que este se percatara de ello.

Volviendo a lo que nos atañe: su prodigiosa autofecundación. Como mencionábamos al principio, se trata de gusanos planos y segmentados, lo que quiere decir que su cuerpo está conformado por cientos de segmentos repetitivos llamados proglótides, cada uno de los cuales es hermafrodita y en conjunto cuentan con la sorprendente facultad de fecundarse unos a otros, dando vida de esta manera a cientos de miles de vástagos. Como si se tratase de un tren que se compone por múltiples vagones independientes entre sí pero que integran una sola unidad, compartiendo un mismo sistema eléctrico y remolcados por la misma locomotora, los distintos segmentos del gusano comparten un mismo sistema nervioso, un flujo metabólico común y un solo escólex. Con la particularidad de que cada uno de los vagones, o mejor dicho proglótides, contiene un aparato reproductor hermafrodita completo con poros genitales irregularmente alternados sobre su superficie de tegumento.

Al alcanzar la etapa adulta, este cuerpo-tren puede llegar a sumar miles de segmentos por individuo —hasta dos mil en el caso de *T. saginata* y mil en el de *T. solium*— que se organizan de la siguiente manera: las proglótides más cercanas al escólex son las más jóvenes e inmaduras, pues a partir de la porción cefálica es que el organismo va creciendo. Las maduras, que pueden reproducirse entre sí, se localizan en la parte central del cuerpo, mientras que las terminales son las grávidas y suelen estar repletas por millares de huevecillos. Estas proglótides grávidas de la parte posterior son las que se van desprendiendo del resto de la solitaria y que, al ser evacuadas junto con las heces del hospedero, funcionan como la fuente de propagación para dar paso a una nueva generación de la especie.

La madurez sexual y actividad gametogénica de las proglótides suele ir acompasada, algo así como si se tratase de un canon musical pero anatómico, de manera tal que aquellas que ocupan una posición más anterior con respecto al escólex expulsan espermatozoides hacia el lumen del intestino; células reproductoras masculinas que al ser liberadas son arrastradas junto con el torrente de fluidos y bolo alimenticio hacia la región media-posterior del gusano y fecundan así a las proglótides femeninas posteriores. De esta forma, la cruza generalmente se da entre proglótides distintas y asegura cierta variabilidad en la progenie. Si hiciese falta elevar este poder de procreación al siguiente nivel, considérese que la proglótide promedio es capaz de producir decenas de miles de huevos —alrededor de 100 mil las de *T. saginata* y 50 mil las de *T. solium*— y que, como decíamos, cada tenia se compone por cientos de tales segmentos; lo cual, sacando un cálculo rápido, coloca la impactante fertilidad potencial de un solo gusano de *T. saginata* en los 200 millones de huevecillos y la respectiva de *T. solium* en los 50 millones. Este factor, aunado al hecho de que durante cientos de miles de años las solitarias han perfeccionado su estrategia de invasión sigilosa, da una idea del tremendo problema de salud pública que tenemos entre manos o, mejor dicho, entre tripas, ya que la teniasis suele ser completamente asintomática.

Y no nada más asintomática, sino que incluso podría paliar molestias agudas en el caso de personas con dolencias relacionadas con el síndrome de intestino irritable y demás padecimientos inflamatorios del tubo digestivo, otorgando de paso cierto alivio. El caso es que no es infrecuente que aquellas personas infestadas tarden años en percatarse de la gran lombriz que habita en sus adentros, lo cual al menos desde el punto de vista del parásito tiene todo el sentido, pues cuanto más tiempo pueda pasar invertido, procreando plácidamente dentro de las entrañas ajenas, mayor será su legado genealógico. La evolución premia, pues, su silencio. Razón por la cual el polizonte anatómico se esmera por mantener a su hospedero contento, sin inflamación mediante, con la mucosidad adecuada y sin mayores afecciones gástricas más allá de la pérdida de peso. Fenómeno que, en términos generales, resulta bien recibido por el incauto, e incluso, en contextos donde la delgadez representa un fin añorado, se busca con alevosía y ventaja: la llamada «dieta de la solitaria», socorrida por aquellas modelos que ingieren una lombriz por voluntad propia para mantener la línea.[5]

Entretanto, nuestra querida protagonista se multiplica gozando del glorioso sexo consigo misma mientras que el resto de las criaturas tenemos que abocarnos a la búsqueda incansable de la pareja.

No, ya no

Dentro de sus remansos de relativa lucidez, mi abuela podía llegar a ser sumamente intuitiva. Percibía cambios sutiles en la parentela. Indicios y pistas intangibles para todos los demás. Quizá fuese algo somático, un instinto adquirido gracias a las fieras interiores que la habitaban. O sencillamente es que ella no se navegaba con los filtros y las máscaras que el resto de las personas adultas solemos emplear para ocultar nuestras capas más íntimas. Algo así como cuando los animales perciben el miedo o cuando los psicópatas detectan a primera vista los traumas que nos han marcado. Y es que todo eso está ahí, flotando alrededor del cuerpo, claves que se leen como un libro abierto para quienes son capaces de sintonizar con su lenguaje. Resultaba paradójico que un día Tita ni siquiera fuera capaz de reconocer bien a bien quién eras, solo para que a la semana siguiente te soltara al vuelo y a propósito de nada alguna observación afilada y precisa sobre tu persona. Una observación sobre algo que nadie más sabía, en ocasiones ni siquiera uno mismo.

Fue en uno de tales momentos que ella se dio cuenta antes que nadie —incluso antes que mi propia prima— de que Rut estaba embarazada. Mi abuela le preguntó así al paso, casualmente, como se comenta respecto al clima, que si esperaba niño o niña. A lo que Rut respondió que nada, que no estaba embarazada.

A la semana siguiente Tita insistió, le dijo a mi prima que otra vez había soñado que estaba encinta, y que solo esperaba que supiera quién era el padre. Ese mismo día por la tarde mi prima se hizo la prueba, y por supuesto: estaba embarazada.

Fue en uno de esos momentos también que vi a mi abuela con vida por última vez. Era un miércoles y estábamos comiendo en casa de mis abuelos. A la mesa nos encontrábamos mi mamá, Álvaro (pareja de mi madre), mi prima María, mi abuelo y yo. Al terminar la comida y llegar el turno del café, Tita se levantó y se disculpó, diciendo que estaba cansada y que quería irse a dormir un rato a su cuarto.

Recuerdo que cuando pasó por detrás de mi lugar le tomé la mano y se la besé, y después le dije que, nada más me terminara el postre, la iría a visitar.

Ella me dio unas palmaditas en el hombro, con una ternura poco característica en su persona, y segundos antes de volver a ponerse en marcha y proseguir su camino, me contestó que no, que ya no.

En ese instante su comentario no tuvo mayor relevancia, una simple ocurrencia de las suyas. No obstante, 10 o 15 minutos más tarde escuchamos un amargo alarido desde el fondo del pasillo: era la voz de la enfermera gritando que mi abuela se estaba muriendo.

Recuerdo que mi mamá y Álvaro salieron corriendo hacia la habitación, mientras que María y yo nos quedamos en la mesa con mi abuelo. Creo que nunca he visto un semblante más abatido por la tristeza que aquel que comenzó a asomarse en el rostro de mi abuelo conforme digería la noticia.

A pesar del masaje cardiaco que le diera Álvaro, Tita murió a los 81 años de edad debido a un infarto. Y con esa naturaleza tan inquietante de ella, incluso una vez fenecida consiguió sacarnos un buen susto, ya que, al cabo de unos 30 minutos de yacer sobre la cama, su cadáver comenzó a soltar ronquidos guturales conforme dejaba escapar el aire que se había quedado contenido en sus pulmones.

De esa manera impactante, fieras interiores de por medio o no, se despedía la integrante más singular que hubiese tenido nuestra familia.

Sus célebres palabras finales, dirigidas a la enfermera: «¡Ya déjame, pendeja!».

CODA NOCTURNA

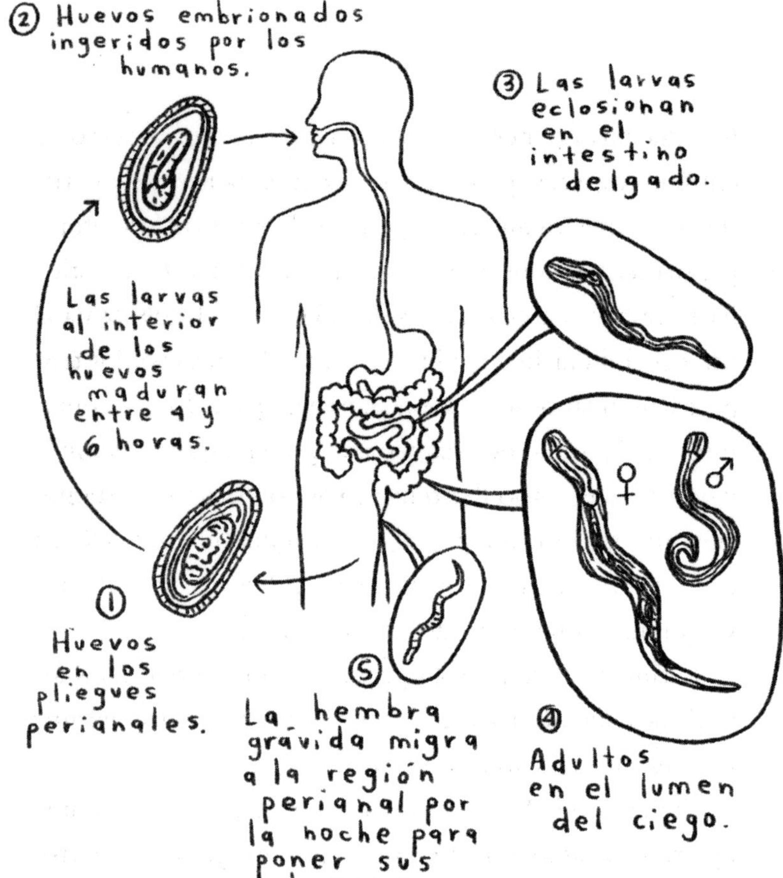
② Huevos embrionados ingeridos por los humanos.
③ Las larvas eclosionan en el intestino delgado.
Las larvas al interior de los huevos maduran entre 4 y 6 horas.
♀
♂
①
Huevos en los pliegues perianales.
⑤
La hembra grávida migra a la región perianal por la noche para poner sus huevos.
④
Adultos en el lumen del ciego.

Resulta curioso, pero hay ocasiones en las que la sincronía entre los eventos que se entrecruzan en la pauta de la rutina con aquellos que corresponden al terreno del escritorio prueba ser tan contundente que resulta difícil no cuestionarse respecto a cuál de los dos planos es el que llama al otro: si el literario a la vida, o si, por el contrario, los tropiezos mundanos son los que designan qué es lo que contamos. Pongámoslo de esta manera: ¿quién emula a *quién*: la narrativa al entorno físico inmediato o viceversa? Estamos ante una paradoja no muy lejana de aquel vericueto clásico que formula: «¿Qué viene primero: el huevo o la gallina?», y aquí no se vale decir que el dinosaurio.

Ultimadamente, si solo podemos sacar sentido a los fenómenos que nos rodean a través de relatos: *¿somos nuestras historias o nuestras historias nos hacen?*

Quién sabe. A lo mejor simplemente se trata de una cuestión de atención. Del peso que otorgamos a ciertos episodios del día a día que, si ocurriesen en cualquier otro momento, pasarían prácticamente inadvertidos. Algo así como cuando pensamos en alguien en concreto y de súbito suena el teléfono y al otro lado del altavoz escuchamos precisamente a esa persona en la que estábamos pensando. Una de tantas casualidades, nada más; no obstante, de momento da la impresión de ser significativa, pues olvidamos todas las instancias en las que este tipo de sincronizaciones no tienen lugar y que, por mucho, son mayoría.

La cuestión es que llevaba ya unos meses trabajando en el primer borrador de este libro cuando Damiana, mi hija, que en ese momento tenía seis años, comenzó a despertarse sacudida por una cascada de incomodidad corporal al poco tiempo de haberse quedado dormida.

Ana Jacoba, que por esas semanas no estaba filmando y que por lo tanto participaba de manera más activa que de costumbre en las actividades hogareñas —incluso llegando a limpiar esporádicamente la arena de los gatos, misma que desde que el ginecólogo le diera licencia durante el embarazo no solía tocar a menudo—, fue la primera en notarlo.

Quince o 20 minutos después de haberse quedado profundamente dormida, Damiana comenzaba a sacudirse. Su cuerpecito se revolvía furiosamente sobre su propio eje hasta que volvía a despertarse. Luego gimoteaba quejándose de comezón aguda; decía que los moscos no paraban de picarla y que no la dejaban dormir. Tras lo cual, Ana Jacoba tenía que repetir de nueva cuenta el ritual de conciliar el sueño, leer unas cuantas páginas más del libro en turno, cantar una canción o inventarse una historia, ese tipo de cosas. Al final todo el numerito se llevaba sus buenos 40 minutos.

Confieso que en un principio me tomé con ciertas reservas el relato de lo que sucedía durante esos episodios nocturnos. No tanto porque los hipocondríacos nos obstinemos en negarle la posibilidad de enfermedad al resto de la parentela, sino porque me daba la impresión de que no se trataba más que de una artimaña elaborada por nuestra hija para ganar un poco más de tiempo con su mamá. Otro desplante aprensivo de tantos, para reclamar un poco más de su atención. Tales como cuando a los infantes les entra miedo a medianoche e irrumpen en la habitación de sus padres con la esperanza de meterse en la cama o cuando se inventan o exageran alguna dolencia en busca de ser reconfortados. Un acto no del todo inusitado en nuestra familia, con las ausencias frecuentes de Ana Jacoba debidas al oficio del séptimo arte. Y el hecho de que no parecían existir otros síntomas o indicios de que estuviese sucediendo algo fuera de regla con nuestra hija, tan solo confirmaba mis suposiciones.

Un poco de pomada, con eso tendría; una buena dosis del remedio más antiguo de todos: el delicioso efecto placebo de la sugestión. O eso me figuré hasta que unos días más tarde fue a mí a quien le tocó preciar en carne viva el ataque nocturno.

Estábamos de visita en casa de unos amigos en las montañas de Morelos. Damiana respiraba pesadamente en el catre adyacente al sillón-cama del estudio en el que yo me encontraba leyendo. Debía ir apenas en el segundo capítulo desde que ella había cerrado los ojos, así que llevaría a lo sumo unos 20 minutos de haberse quedado dormida, cuando de golpe comenzó a sacudirse con violencia. Si no me hubiesen puesto sobre aviso habría jurado que estaba entrando en un choque epiléptico. Se contorsionaba con tal fuerza que por momentos generaba la estampa de estar levitando debajo de las cobijas.

Observé atónito el extraño comportamiento por unos minutos. Pensé que no sería mucho exagerar decir que parecía como poseída. ¿Qué debía hacer? ¿Sería prudente despertarla? Digo, algunos eventos previos de sonambulismo con mi hija me habían enseñado que, al menos lidiando con tales caminatas noctámbulas, no era algo aconsejable, pues en el acto se desataba un episodio de terror nocturno. En esos casos era mejor conducir su andanza entre sueños de vuelta a la alcoba. Sin embargo, la vacilación no fue duradera, pues al poco Damiana empezó a quejarse con voz pastosa y luego a llorar de manera desesperada antes de reincorporarse diciendo que le picaba-ardía el culo por los piquetes de mosco.

Me sentí pésimo por haber dudado de la veracidad de sus ataques nocturnos. Después me angustié. Resultaba evidente que algo pasaba en su interior. Definitivamente no tenía pinta de tratarse de un arrebato psicológico (consciente o inconsciente por su parte). No, esto era algo físico y extremo.

La consolé por un rato, preparé una infusión de manzanilla (tampoco es que hubiera mucho más que pudiera hacer a las diez de la noche en mitad del bosque) y leímos en voz alta hasta que, una vez, más se quedó dormida.

Me quedé observándola por un buen tiempo, con el temor de que en cualquier momento pudieran retornar las sacudidas y la desagradable función volviera a comenzar. Cada que ella cambiaba de postura, un sobresalto me ponía en alerta. No obstante, afortunadamente los ataques no volvieron a presentarse por esa noche.

A la mañana siguiente, Damiana me contó que cuando se despertaba, además del escozor, sentía como cositas picantes moviéndose sobre la piel de sus nalgas. Pero durante el día estaba como si nada, jugando y trepando árboles, como cualquier otra niña. Era solo en el momento de conciliar el sueño que el tormento arreciaba. Huelga decir que todo eso sonaba como a parásitos.

Bastaron apenas dos minutos de describirle el cuadro a mi madre por teléfono para que su voz de doctora dictaminara con gravedad que su nieta seguro tenía lombrices y que, posteriormente, cambiando de tono, me regañara por no atender la situación con mayor prontitud. Oxiuros, dijo. Ese era el diagnóstico. Luego me recordó aquellos anuncios publicitarios que solían transmitirse por televisión nacional antes de que las plataformas bajo demanda se comieran el mercado y que incluían una cancioncilla como: «Si tú sientes que te pica la colita, en una de esas, tienes lombrices...».[1] Después mi madre, en faceta médica, giró instrucciones para que le administrara Vermox Plus de inmediato a la pobre niña.

En lo que nos organizábamos para bajar a la farmacia del pueblo, la Wikipedia me dejó saber que: «*Enterobius vermicularis* es un pequeño nematodo parásito del humano, conocido popularmente como oxiuro o piduye. Causa la enfermedad intestinal conocida como oxiuriasis o piduyes cuyo nombre correcto es enterobiasis». Ya con una búsqueda en medios más confiables —como el portal de los CDC (Centros para el Control y Prevención de Enfermedades) y Scielo.org— fui dilucidando los pormenores del cuadro. El agudo picor, que atormentaba a Damiana por las noches, era producto de que las lombrices mencionadas emergen por el ano del infectado y depositan sus huevecillos en las inmediaciones de los glúteos. Dichos huevecillos cuentan con una sustancia urticante que produce picazón intensa, lo cual generalmente encamina a que el hospedero (en este caso mi hija) responda rascándose y de esta manera arrastre los huevos bajo sus uñas. De esta forma el parásito incrementa la probabilidad de que sus huevecillos alcancen los adentros de una nueva víctima. Vía de propagación que se conoce como ano-mano-boca.

Rememoré los acontecimientos de la última semana en busca de posibles oportunidades de haber sido contagiado. Por supuesto que eran numerosas.

La farmacia me sorprendió con el hecho de que no solo contaban con el remedio referido, sino que además existía una modalidad pediátrica de una sola toma y cuyo precio, encima, resultaba bastante económico. No mucho misterio ahí, después de todo se trata de uno de los antiparasitarios de amplio espectro más socorridos. Ni que decir: la bomba fármaco-química en este caso estaba más que justificada, así aniquilara a millares de entes benéficos a su paso. Ya me ocuparía más tarde de repoblar la microbiota de mi hija con probióticos, prebióticos, fermentados, yogures y Yakult. Por ahora ansiaba que el napalm medicinal evaporara cuanto antes a esas lombrices que asaltaban su tracto digestivo y que desquiciaban sus (nuestras) noches.

Valoré como pocas veces antes tener a la mano un fármaco eficaz. Qué más daba que los tripulantes de las entrañas fuesen los amos indiscutibles del juego evolutivo y los escultores sigilosos del paisaje viviente, en esta pequeña batalla existía la posibilidad de salir airosos en las trincheras y, con todo respeto hacia los de su gremio, no pensaba dejarla pasar.

POST SCRIPTUM

Imposible cerrar un libro como este sin antes expresar el profundo agradecimiento que guardo hacia todas las criaturas de la parentela que me permitieron apropiarme de sus recuerdos y que poco a poco ayudaron a nutrir el relato colectivo. Al igual que hacia las tres mujeres que constituyen el soporte de mis días (y que encima me dejan compartir pedacitos de ellas en estas páginas): Ana Jacoba, Damiana y Marcia, sin ustedes mi microbiota seguro se marchitaría.

Desde luego que también van agradecimientos para Elo y para todo el equipo que trabajó dándole forma a la quimera, para Sofía por sus bellos esquemas, así como para todas aquellas personas que leyeron y brindaron retroalimentación a lo largo de las múltiples etapas del ciclo de vida que conlleva la escritura y los muchos estadios larvarios que preceden a la forma final de un libro. Y por supuesto que también gracias a Marina Penalva, y la agencia Casanovas & Lynch, que ahí van abriendo la brecha para que mis palabras consigan diseminarse más lejos y alcanzar otras mentes.

Por último, algunos de los relatos sobre parásitos que se incluyen en el manuscrito aparecieron como versiones larvarias tempranas en medios como *Vice*, *Pijama Surf*, *Nexos*,

Sociedad de Científicos Anónimos y *Revista de la Universidad de México*, y posteriormente pudieron ser retrabajados detenidamente y mutar a su siguiente iteración corporal gracias al apoyo del Sistema Nacional de Creadores de Arte, por lo que mi sincera gratitud para todos los ojos que fueron apreciando y cuidando de ellos a lo largo de los años.

ÁLBUM FAMILIAR

Tita, con 18 años, recibe su título de maestra normalista, *circa* 1936.

Nano carga a un compañero de ingeniería en la azotea del Palacio de Minería, *circa* 1937.

Boda de Nano y Tita, 11 enero de 1938.

Tita con el Güero de bebé, *circa* 1939.

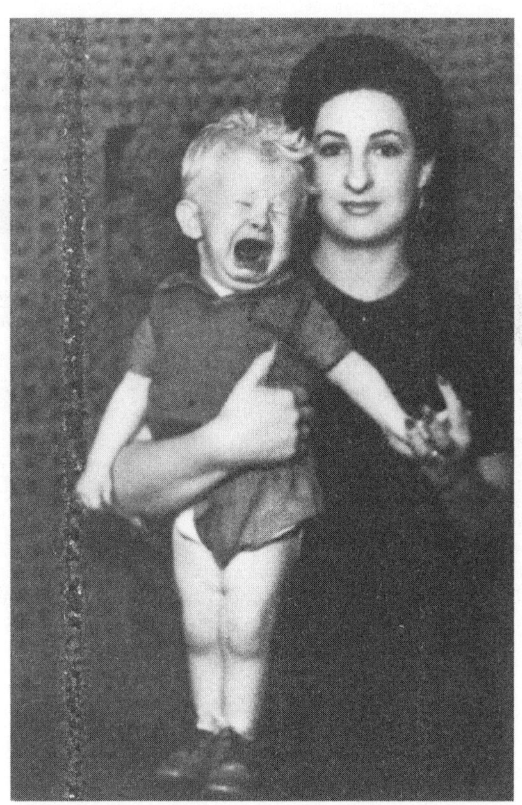

Mi abuela con el Güero, un retrato que de alguna manera era presagio lo que se avecinaba, *circa* 1941.

Tita en algunas de sus muchas actividades como dama de sociedad.

El Güero retratado durante su infancia.

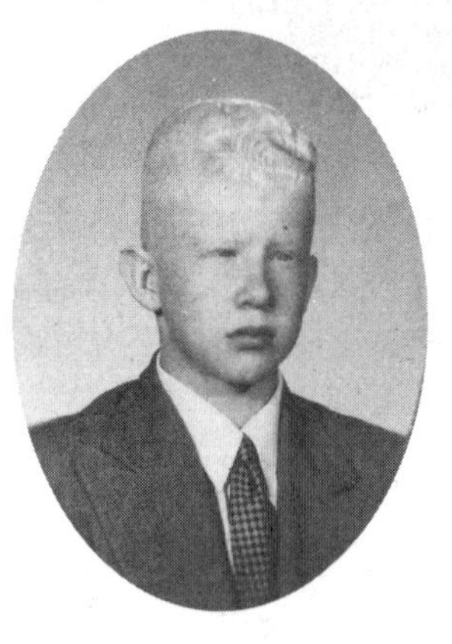

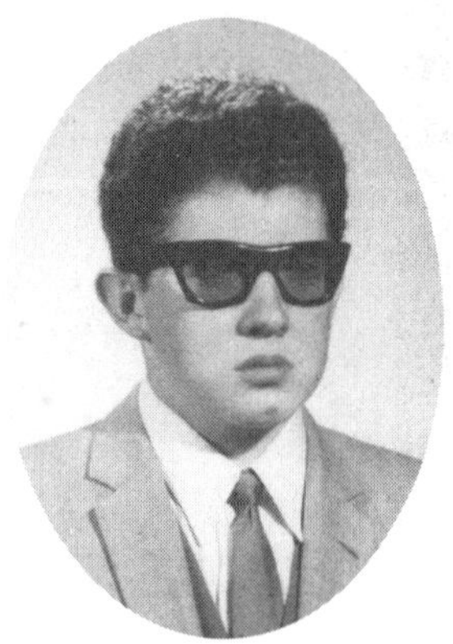

El Güero en diferentes momentos de su juventud. A partir de que cumplió 18 años comenzó a teñirse el pelo.

Mis abuelos en alguno de sus frecuentes viajes al extranjero, antes de que se manifestara la patología mental de Tita.

Nano durante una visita a una excavación cuando fungía como titular de la Secretaría de Energía y Minas, cargo que desempeñó de 1988 a 1993.

Tita en la plaza de San Marcos, Venecia, poco antes de ser diagnosticada con esquizofrenia.

Marcia en su laboratorio del Instituto de Fisiología de la UNAM, *circa* 1999.

Tita hacia sus setenta años de edad, cuando la conocí, *circa* 1988.

Tita con sus hermanas Clarita y Anís.

NOTAS, LIBROS CITADOS Y REFERENCIAS

Epígrafes:

Elisa Díaz Castelo, *Principia*, Elefanta editorial, México, 2021.
Margarita García Robayo, «Rapto de locura», en *Primera persona*, Antílope, México, 2021.

Mi gusano y yo

[1] Se reconocen en Asia, principalmente, y en Europa, casos de gnatostomiasis causadas por *G. doloresi* (cerdo, jabalí), *G. hispidum* (cerdo, jabalí, buey), *G. nipponicum* (comadreja), *G. vietnamicum* y *G. malaysiae*. El Instituto de Biología de la UNAM (2005) redefinió la lista de especies americanas: *G. binucleatum* (gatos y perros; México y Ecuador), *G. turgidum* (marsupiales; Estados Unidos, México, Ecuador y Argentina), *G. miyasakii* (nutrias; Canadá y Estados Unidos), *G. americanum* (marsupiales; Brasil), *G. socialis* (mustélidos; Estados Unidos) y *G. lamothei* (mapaches; México). De todas estas especies únicamente cuatro se han asociado con parasitosis humanas: *G. spinigerum*, *G. hispidum*, *G. nipponicum* y *G. doloresi*, siendo *G. spinigerum* la especie más importante desde el punto de vista médico, ya que es el agente causal de la mayoría de los casos humanos.

Para más información sobre la diversidad de estos parásitos ver: Bertoni-Ruiz, Florencia, Lamothe y Argumedo, Marcos Rafael,

García-Prieto, Luis, Osorio-Sarabia, David, & León-Régagnon, Virginia, «Systematics of the genus Gnathostoma (Nematoda: Gnathostomatidae) in the Americas», *Revista Mexicana de Biodiversidad, 82*(2), 453-464 (2011). Versión en línea: http://www.scielo.org.mx/scielo.php?script=sci_arttext&pid=S1870-34532011000200007&lng=es&tlng=en.

[2] De acuerdo con una de las revisiones más completas, los casos registrados a nivel mundial apenas suman cinco mil: Liu, G. H., Sun, M. M., Elsheikha, H. M. *et al.*, «Human gnathostomiasis: a neglected food-borne zoonosis», *Parasites Vectors, 13*, 616 (2020). https://doi.org/10.1186/s13071-020-04494-4.

[3] Para consultar el esquema referencial de los CDC: https://www.cdc.gov/dpdx/gnathostomiasis/index.html. Y para aprender todo lo referente al gusano del sushi, incluyendo varios puntos interesantes que en este ensayo no se tocan, se recomienda visitar el sitio de la doctora Teresa Uribarren Berrueta del departamento de Microbiología y Parasitología de la Facultad de Medicina de la UNAM: https://repositorio-uapa.cuaed.unam.mx/repositorio/moodle/pluginfile.php/2481/mod_resource/content/7/UAPA-Ciclo-Biologico-Gnathostoma-SPP/index.html.

[4] Claro que esta práctica de dar *gato por liebre* no se limita únicamente a la cocina japonesa; de hecho, recientemente Oceana llevó a cabo un estudio en 133 establecimientos: pescaderías, supermercados y restaurantes en la Ciudad de México, Cancún, Quintana Roo, y Mazatlán, Sinaloa, en el que se constató que la mayor parte de las principales especies comercializadas de pescado muchas veces son sustituidas por otras. En alrededor del 31% de los casos el cliente recibe algo que no es lo que pidió. Hay especies como el marlín donde la sustitución alcanza grados absurdos, siendo que hasta el 95% de lo que se comercializa bajo este nombre no es marlín. Le siguen la sierra (89%), el mero (87%), el huachinango (54%) y el robalo (53%). Aquí se puede consultar el estudio completo: https://mx.oceana.org/reports/gatoxliebre-detectives-del-fraude/.

[5] No tengo idea de qué libro de la cuantiosa biblioteca de mi madre sería exactamente ese que menciono, pero para indagar un poco más al respecto de los gemelos parasíticos se recomienda remitirse al intrigante libro *Seres extraordinarios. Anomalías, deformidades y rarezas humanas*, de Manuel Moros Peña, editado por Edaf en 2004. O bien al artículo de Juan Arnáez, «¿Qué es un 'Fetus in fetu' o gemelo parásito?», publicado el 25 de marzo de 2019 en *El País*. Claro que si lo que se desea es sencillamente ver una imagen similar a la mencionada basta dirigirse al apartado respectivo de la Wikipedia.
[6] Dichos efectos comienzan cerca de 10 minutos después de haber bebido alcohol y podrían durar hasta una hora o más. Para más información ver apartado «Disulfiram» del portal Medline Plus del NIH, versión en español disponible en: https://medlineplus.gov/spanish/druginformation.html.
[7] Si eres de temperamento susceptible, definitivamente no deberías ver videos con títulos como «Extracción quirúrgica de *Ascaris lumbricoides*», pero si insistes: www.youtube.com/watch?v=etWP8XyZcZI, https://www.youtube.com/watch?v=T5kSlRgk3BA.

Mis tres revelaciones parasitoides

[1] Si se precisara afinar la comparación, de acuerdo con los últimos datos de la CONABIO, en México hay 1 096 especies de aves.
[2] Para quien desee realizar una inmersión profunda en el azorante territorio del microbioma, algo por cierto totalmente recomendable, se aconseja empezar por *I Contain Multitudes: The Microbes Within Us and a Grander View of Life*, del talentoso Ed Yong, Ecco Publishing, Nueva York, 2016. También disponible como audiolibro leído por su autor.
[3] Numerosos grupos de investigación dedicados al tema han cambiado, entre otros aspectos, el modo en el que ahora vemos el apéndice, el sistema inmunológico, el florecimiento agrícola, la domesticación animal y la evolución de nuestra especie en general. Para una primera inmersión se recomienda escuchar el episodio «Microbioma»

del podcast *Masaje Cerebral*, disponible en la plataforma de audio de su elección desde junio de 2021. https://open.spotify.com/episode/24zPbs2fahBCzwAzcLfEUx?si=2b7fdcdfc8454f7.

[4] Libro que pese a esa tónica, o quizá gracias a ella, después de todo prueba ser llamativa para el entretenimiento de las masas, fue reconocido con el premio español de divulgación de la ciencia «Prismas»: David G. Jara, *El encantador de saltamontes y otros ensayos sobre la historia natural de los parásitos*, Editorial Guadalmazán, Córdoba, 2015.

[5] Estos cálculos se basan en los nacimientos potenciales de la humanidad, de acuerdo con ciertos parámetros y estimaciones. Para consultar datos poblacionales y aritmética exacta utilizada, remitirse a: www.prb.org/howmanypeoplehaveeverlivedonearth/.

[6] Carl Zimmer, *Parasite Rex: Inside the Bizarre World of Nature's Most Dangerous Creatures*, Free Press, Los Ángeles, 2000.

[7] Se comprenderá que para mí sería un sueño pasear entre esos anaqueles repletos de parásitos. En lo que consigo el improbable hito de viajar a Japón me conformo con fantasear a partir de las imágenes: https://www.kiseichu.org/e-top.

[8] *Manual MSD, para profesionales*, de Merck & Co, Inc. Versión en línea: https://www.msdmanuals.com/es-mx/professional/trastornos-psiqui%C3%A1tricos/esquizofrenia-y-trastornos-relacionados (última consulta: febrero de 2024).

[9] Para ver el resto de incisos, consultar la página 77 del *Manual DSM-5*, pdf disponible en línea: https://www.eafit.edu.co/ninos/reddelaspreguntas/Documents/dsm-v-guia-consulta-manual-diagnostico-estadistico-trastornos-mentales.pdf.

De ratas, gatos y cerebros humanos

[1] Esta concepción del embarazo como un caso singular de parasitismo es por demás interesante, aunque no se desarrollará más en el presente manuscrito. Se recomienda escuchar el deslumbrante episodio de Radiolab: «Everybody's Got One», de Heather Radke

y Becca Bressler, agosto de 2021, disponible en línea: https://radiolab.org/podcast/everybodys-got-one.

[2] Fredrik Sjöberg, *El arte de coleccionar moscas*, Libros del Asteroide, Barcelona, 2023.

[3] Para escuchar la cita textual en palabras de su autor, así como para obtener una explicación más profunda y ciertamente más articulada sobre lo mencionado en los párrafos anteriores, se insta a consultar la siguiente conversación con Robert Sapolsky, gran docto en materia de las bases neurobiológicas de la conducta humana y uno de los mayores expertos en toxoplasma del mundo: «Robert Sapolsky Explains Toxoplasmosis. The Joe Rogan Experience»: https://www.youtube.com/watch?v=NroiGfNohPo.

[4] Debido a que seguimos multiplicándonos segundo a segundo, si se desea ajustar la cifra al momento de la lectura visite el contador oficial de la población mundial en www.worldometers.info/world-population/.

[5] Se recomienda ver el artículo «Sea Otters Killed by Unusual Parasite Strain Rare Form of Toxoplasma Infection Poses Threat to Marine Animals», UC Davis News, 24 de marzo 2023: https://www.vetmed.ucdavis.edu/es/node/34196.

[6] Para más información al respecto de la zoonosis del toxoplasma y demás vías de transmisión ver: «Animals are key to human toxoplasmosis», de Dirk Schlüterab, Walter Däubenerc, Gereon Schares *et. al*, en *International Journal of Medical Microbiology, 304*(7) (octubre de 2014): https://www.ncbi.nlm.nih.gov/pubmed/25240467.

[7] Para mayor información de la toxoplasmosis congénita ver: McAuley J. B, «Congenital Toxoplasmosis». *J Pediatric Infect Dis Soc.* 2014 Sep; 3 Suppl 1 (Suppl 1):S30-5. doi: 10.1093/jpids/piu077. https://www.ncbi.nlm.nih.gov/pmc/articles/PMC4164182/.

[8] Para más información sobre esta sobrecogedora correlación ver «Relationship between toxoplasmosis and schizophrenia: A review», de Aleksander J. Fuglewicz, Patryk Piotrowski y Anna

Stodolak, publicado en *Clinical and Experimental Medicine*: https://pubmed.ncbi.nlm.nih.gov/29068607/.

[9] Se recomienda ampliamente revisar el capítulo «Hypnotized» dedicado al toxoplasma en el completamente revelador libro *This Is Your Brain on Parasites, How Tiny Creatures Manipulate Our Behavior and Shape Society*, de Kathleen McAuliffe, publicado por Mariner Books, Boston, en 2017. Las citas mencionadas aparecen en la página 75.

[10] Para mucho más sobre esto ver: «Beyond the association. *Toxoplasma gondii* in schizophrenia, bipolar disorder, and addiction: systematic review and meta-analysis», de A. L. Sutterland, G. Fond, A. Kuin *et al.*, en *Acta Psychiatrica Scandinavica, 132*(3), Special Issue: Immuno-inflammation in bipolar disorder and suicidal behavior (septiembre de 2015): https://onlinelibrary.wiley.com/doi/abs/10.1111/acps.12423.

[11] Investigaciones recientes sugieren que el proceso de domesticación del gato, *Felis silvestris catus*, pudo haber comenzado desde hace nueve mil años en el Medio Oriente. Se trató de un evento peculiar en lo que a domesticaciones se refiere, ya que fueron ellos los que nos adoptaron a nosotros y no al revés. Al parecer, los antepasados silvestres de los gatos que ahora nos son familiares encontraban tanto alimento en la proximidad de los asentamientos humanos que les mereció la pena vencer su naturaleza furtiva. Y dado que buena parte de su menú constituía de organismos poco favorecidos por el hombre, principalmente roedores, la asociación de mutuo beneficio entre especies no tardó mucho en encontrar cimientos sólidos.

[12] «Robert Sapolsky Interview: Toxoplasmosis», Edge TV: https://www.youtube.com/watch?v=m3x3TMdkGdQ.

[13] Ver «The potential risk of toxoplasmosis for traffic accidents: A systematic review and meta-analysis», de Shaban Gohardehi, Mehdi Sharifc, Shahabeddin Sarvi *et al.*, en *Experimental Parasitology*, vol. 191 (agosto de 2018): https://www.sciencedirect.com/science/article/pii/S0014489418301814.

[14] Galván-Ramírez, M. de L., Sánchez-Orozco, L. V., Rodríguez, L. R., Rodríguez, S., Roig-Melo, E., Troyo Sanromán, R., Chiquete. E. & Armendáriz-Borunda, J., «Seroepidemiology of *Toxoplasma gondii* infection in drivers involved in road traffic accidents in the metropolitan area of Guadalajara, Jalisco, Mexico», *Parasit Vectors* (2013): https://pubmed.ncbi.nlm.nih.gov/24499659/.

[15] Ling, V. J., Lester, D., Mortensen, P. B., Langenberg, P. W. & Postolache, T. T., «*Toxoplasma gondii* seropositivity and suicide rates in women», *The Journal of Nervous and Mental Disease, 199*(7): 440-4 (julio de 2011).

[16] *The Wild Life of Our Bodies. Predators, Parasites and Partners That Shape Who We Are Today*, de Rob Dunn, Harper Collins Publishers, Nueva York-Londres, 2011.

[17] Para más sobre lobos y toxoplasma ver: Meyer, C. J., Cassidy, K. A., Stahler, E. E. *et al.* «Parasitic infection increases risk-taking in a social, intermediate host carnivore», *Commun Biol 5*, 1180 (2022). https://doi.org/10.1038/s42003-022-04122-0.

[18] Blanco García, M. I., Aguinagalde Vives, P. G., Iñarra Arocena, O., Elizasu Roteta, I., Caballero Lladó, M. Q., Aramburu Goicoechea, A., Cavero Barreras, L. & Lizárraga Oroz, N., «Toxoplasmosis cerebral. Hallazgos clave para su diagnóstico por imagen». *Seram, 1*(1) (2024). Recuperado a partir de https://www.piper.espacio-seram.com/index.php/seram/article/view/10822.

[19] Michael Greger M. D., «La toxoplasmosis y la esquizofrenia», NutritionFacts.org, 23 de agosto de 2023: https://nutritionfacts.org/es/blog/la-toxoplasmosis-y-la-esquizofrenia/.

[20] También puede verse el video relacionado: «Does Toxoplasmosis Cause Schizophrenia?», donde el autor narra lo publicado en la nota anterior: https://www.youtube.com/watch?v=0z1IHccbVi8. Y para mucha más información puede consultarse la siguiente página digital del NIH: https://pubmed.ncbi.nlm.nih.gov/23433494/, donde además de ofrecer el vínculo al artículo «How and why

Toxoplasma makes us crazy» de *Trends in Parasitology* se incluyen ligas a varios otros artículos relacionados.

Secuestradores de mentes y maestros titiriteros

[1] Un buen sitio para empezar: Shawn D. Gale, Dawson W. Hedges, «Chapter Thirteen. Neurocognitive and neuropsychiatric effects of toxocariasis», en Dwight D. Bowman (ed.), *Advances in Parasitology*, Academic Press, vol. 109 (2020), pp. 261-272, disponible en: https://www.sciencedirect.com/science/article/pii/S0065308X20300099.

[2] Por supuesto que, tras esta exposición al poderoso compuesto, el afectado queda con profundas lagunas mentales, tiende a mostrarse confuso y desasosegado ante el mundo y tarda semanas en recobrar la memoria de lo acontecido —y esto solo a través de *flashazos*—. Además, las secuelas neuronales pueden extenderse durante meses, sin mencionar que la dosis activa y la letal de la escopolamina no están muy lejanas una de la otra, lo que en Colombia ha causado la muerte de no pocos de los que han sido víctimas de este tipo de atracos. Para saber un poco más de este método de robo y control mental, se recomienda ver el documental *World's Scariest Drug: Colombian Devil's Breath*, realizado por *Vice*: https://www.youtube.com/watch?v=ToQ8PWYnu04.

[3] *El tablero de las pasiones de juguete* es una obra de teatro de 1985 del dramaturgo y escritor (y también hermano de mi madre) Hugo Hiriart, quien creó el «Mecano dramático», artificio escénico que explora el papel del juego, el azar y la estrategia en la vida, la locura, la pasión, los sentimientos de deseo y la traición, mediante el uso de títeres y juguetes. Lo cual, por alguna razón, siempre me ha recordado a los parásitos de los que estamos hablando; me parece que sería una forma eficaz de llevar sus delirantes ciclos de vida e historias de manipulación mental a un montaje escénico, pero también porque, de alguna manera, funciona en sentido inverso, como si lo que sucede día con día en la floresta emulara al universo contenido en el tablero de juego; como si la evolución completa

no fuera otra cosa que una contienda interminable por la supervivencia: la muerte de unos significando solo la oportunidad para que otros prosperen. A fin de cuentas, si nos atenemos a términos globales y dejamos el individualismo de lado, la vida no se crea ni se destruye, solo se transforma.

[4] La verdad es que, ante fenómenos de esta índole, el lenguaje nunca conseguirá hacer justicia. No importa cuántas metáforas sean empleadas para ilustrar lo acontecido, la figura literaria resultante nunca conseguirá aproximarse lo suficiente, por lo que se insta a que el lector dedique unos minutos a observar el estrambótico suceso con sus propios ojos, y para ello lo único que hace falta es buscar el video «Zombie snails» de 2006 en YouTube: https://www.youtube.com/watch?v=EWB_COSUXMw.

Y ya que estamos en estas, y aprovechando la atención de aquellos lectores inquisitivos que sí se detienen a leer las notas, aquí otro dato que podría resultar de interés y este es sobre el origen de esos cilindros de las barberías citados en la analogía empleada en el texto, pues, como probablemente usted sepa, los barberos solían ser los encargados de llevar a cabo las intervenciones quirúrgicas antes del Renacimiento, pues los médicos eran personas finas y de alcurnia, imposible que mancharan sus manos con sangre tibia y viscosa, por lo que el oficio se dividía en dos campos: el diagnóstico, realizado por los doctores intelectuales, y el carnicero, ejecutado por los barberos. El caso es que el cilindro emblemático del siglo XX originalmente se empleaba para anunciar una operación en la barbería: se enrollaba una toalla empapada de sangre en el cilindro en cuestión, de ahí el rojo y el azul, uno para comunicar operación y el otro para comunicar disponibilidad. Al menos hasta que llegó el joven Tagliacozzi, padre de la cirugía plástica y reconstructiva, y cambió las reglas del juego médico para bien de la humanidad.

[5] Aunque la cifra exacta de avispas parasitoides que existen sigue siendo un misterio, lo que es seguro es que aquellas descritas formalmente por la academia representan tan solo una fracción de su

diversidad, ya que hasta hace relativamente poco tiempo no se habían realizado esfuerzos faunísticos mayores, sin pasar por alto que la superfamilia que integran, *Parasitica*, no es monofilética, es decir que en verdad es una estrategia de vida adoptada por representantes de diferentes grupos taxonómicos de avispas, no necesariamente emparentados entre sí. Para una estimación basada en estudios indirectos y que argumenta que sus números rebasan a los de los escarabajos, el grupo de animales considerado como el más biodiverso en la actualidad, se recomienda ver: Forbes, A. A., Bagley, R. K., Beer, M. A. *et al.* «Quantifying the unquantifiable: why Hymenoptera, not Coleoptera, is the most speciose animal order», *BMC Ecol*, *18*(21) (2018): https://doi.org/10.1186/s12898-018-0176-x.

[6] Brunilda ha sido encantada al momento de nacer. Cuatro hadas le han conferido dones que, en el mundo fantástico, la harían la más grácil, la más núbil entre las doncellas pero que, en el mundo de Galaor, la convierten en una crisálida con voz de tenor, con cuello de joven esforzado, musculoso y marmóreo como piel de un discóbolo. Sin embargo, un hada, Sota de Espadas, antes conocida como Morgana, le confiere a la doncella un sueño eterno que congela su fealdad, un sueño del que solo despertará ante una muestra de amor desinteresado. Esta es la premisa de *Galaor*, una novela de caballería donde la mitología y una imaginería esperpéntica se confabulan para crear un mundo donde los caballeros andantes conviven con Camaleoparditis, con grifos, con grandes reinos medievales. Para seguir leyendo, visite: http://bibliosvitae.blogspot.com/2006/12/galaor-hugo-hiriart.html. O mejor aún, escúchelo leído en la voz de su autor, es decir, la del propio Hugo Hiriart: https://www.youtube.com/watch?v=Fgs90xRIKQc.

[7] *La vida maravillosa de los insectos* es el apasionante relato del gran naturalista y extraordinario divulgador científico francés Jean-Henri Fabre (1823-1915). La selección, traducción y comentario biográfico de los recuerdos entomológicos de Fabre que hiciera el doctor Manuel Martínez Báez ha sido publicada recientemente por El

Colegio Nacional en una segunda edición, ahora revisada por Antonio Bolívar, e ilustrada con espléndidas fotografías originales. Insisto, una pieza literaria rica y entretenida, imprescindible para todo naturalista, en potencia o consumado. Disponible en forma física en numerosas librerías y en formato digital en www.libroscolnal.com.

[8] Pero no se quede usted con esta burda descripción; si le interesa el caso, no deje de ser embelesado por la apasionante charla de Ed Yong en TED: «Zombie roaches and other parasite tales», en donde, además de otras historias de manipulación mental, se incluyen fotografías y videos que capturan a los maestros titiriteros en plena acción; video disponible en la plataforma de ted.com con subtítulos a más de treinta y cuatro idiomas, así que no hay excusas. https://www.ted.com/talks/ed_yong_zombie_roaches_and_other_parasite_tales.

De jardines interiores y fantasmas evolutivos

[1] Puede ser que para la mayoría de mexicanos, o al menos para aquellos que viven al sur de la franja fronteriza que divide a nuestro país del vecino del norte, este padecimiento no sea tan conocido, pues a fin de cuentas su prevalencia en el país es bastante escasa —digo, no olvidemos que en estas tierras las lombrices intestinales siguen siendo cosa de todos los días y, como estamos argumentando en este ensayo, podría existir una correlación entre ambos factores.

[2] En el más que fascinante libro *The Wild Life of Our Bodies. Predators, Parasites and Partners That Shape Who We Are Today* (Harper Collins Publishers, Nueva York-Londres, 2011), Rob Dunn ofrece un panorama general del asunto e incluye varios casos de estudio de dichos tratamientos.

[3] Para darse una buena empapada en la inmunomodulación por medio de parásitos y su efectividad para tratar algunos padecimientos autoinmunes, se recomienda ver «Helminth Immunomodulation in Autoimmune Disease» en *Frontiers in Immunology* (abril de 2017): https://www.ncbi.nlm.nih.gov/pmc/articles/PMC5401880/.

[4] Dato para trivia: los grandes carnívoros del continente americano y depredadores potenciales del berrendo incluyen a lobos, coyotes y pumas. Los dos primeros rara vez sobrepasan los 60 kilómetros por hora, mientras que los pumas pueden alcanzar los 80, pero solo durante momentos breves. Es decir que el berrendo aventaja a estos felinos en su clímax por más de 20 kilómetros en ese mismo lapso; por si no fuera suficiente, puede mantener su velocidad de crucero a lo largo de distancias extensas.

[5] Ver «For the Good of the Gut: Can Parasitic Worms Treat Autoimmune Diseases? Helminths could suppress immune disorders by promoting healthy mucus production in the intestine», *Scientific American* (diciembre de 2010). Disponible en línea: https://www.scientificamerican.com/article/helminthic-therapy-mucus/.

[6] Michael Specter, «Germs Are Us. Bacteria make us sick. Do they also keep us alive?», *The New Yorker*, 22 de octubre de 2012: http://www.newyorker.com/magazine/2012/10/22/germs-are-us.

[7] Margarita García Robayo, «Rapto de locura», en *Primera persona*, Antílope, México, 2021.

[8] Para comenzar a adentrarse en este fascinante campo ver: Rebecca Keogh y Joel Pearson, «The blind mind: No sensory visual imagery in aphantasia», *Cortex*, vol. 105, pp. 53-60 (2018): https://doi.org/10.1016/j.cortex.2017.10.012. www.sciencedirect.com. O bien, para una inmersión profunda en el asunto, se recomienda ampliamente el volumen: *The Eye's Mind. Visual Imagination, Neuroscience and the Humanities*, editado por Adam Zeman Prof., Matthew MacKisack Dr., John Onians Prof., en *Science Direct*, vol. 105 (agosto de 2018): https://www.sciencedirect.com/journal/cortex/vol/105/suppl/C.

[9] Para saber un poco más sobre la afantasía y escuchar el propio testimonio del amigo de mi mamá que no ve imágenes en su mente, consultar el reportaje que publiqué al respecto en *Wired* en español: «Personas sin imágenes mentales ni voz interior: ¿qué es la afantasía?» (8 de agosto de 2024), disponible en línea: https://es.wired.com/articulos/afantasia-que-es-pensar-sin-imagenes.

También pueden buscar el episodio mencionado de *Masaje Cerebral*, en donde sea que escuchen sus podcasts. De igual forma tenemos episodios dedicados a la sinestesia, los supersentidos, las mujeres tetrecrómatas que ven más colores que el resto, etcétera: https://podcast-mexico.mx/podcast/masaje-cerebral.

[10] Para más información, pruebas y orientación, remitirse a Anauralia Lab: www.anauralia.com/anauralia.

O para una iniciación más académica, ver: Hinwar Rish, P. y Lambert, Anthony J. «Anauralia: The Silent Mind and Its Association With Aphantasia», *Frontiers in Psychology*, vol. 12 (2021): https://www.frontiersin.org/journals/psychology/articles/10.3389/fpsyg.2021.744213.

[11] Carl Zimmer, «Algunas personas no tienen imágenes mentales, pero otras las sufren en exceso», sección Matter, *The New York Times*, 10 de junio de 2021.

Nuestra segunda mente

[1] Rob Knight y Brendan Buhler, *Follow Your Gut: The Enormous Impact of Tiny Microbes*, TED Books, 2015.

[2] Ed Yong, *I Contain Multitudes: The Microbes Within Us and a Grander View of Life*, Harper Collins Publishers, Nueva York-Londres, 2016, p. 63.

[3] Un buen resumen de todo esto se puede consultar en «Tryptophan Metabolism by Gut Microbiome and Gut-Brain-Axis: An in silico Analysis»: https://www.frontiersin.org/articles/10.3389/fnins.2019.01365/full.

[4] Ver: «Could the gut microbiome be linked to autism?», en el portal de *Nature*: https://www.nature.com/articles/d41586-020-00198-y.

[5] Christian, Lisa M. *et al.*, «Gut microbiome composition is associated with temperament during early childhood», disponible en línea: https://pubmed.ncbi.nlm.nih.gov/25449582/.

[6] Tillisch, Kirsten M.D., Mayer, Emeran A. M.D. *et al.*, «Brain Structure and Response to Emotional Stimuli as Related to Gut Microbial

Profiles in Healthy Women», *Psychosomatic Medicine*, 79(8): 905-913 (octubre de 2017): DOI: 10.1097/PSY.0000000000000493.

[7] Para más información se recomienda escuchar el episodio 10 de *The Microbiome Podcast*, una conversación con el doctor John Cryan de la Universidad de Cork Irlanda. Disponible en la plataforma de su preferencia: https://www.microbiomeinstitute.org/podcast/2015/10/19/episode-10-the-microbiome-and-gut-brain-communications-with-dr-john-cryan.

[8] Para una inmersión más profunda en el tema se aconseja ver la charla «VisceralMente: estilo de vida, microbioma y cerebro», impartida por el doctor en Ciencias Biomédicas Isaac González Santoyo en la Sociedad de Científicos Anónimos (vertical Querétaro): https://www.youtube.com/watch?v=2hegE654thQ&t=3433s.

O, si prefieren solo escuchar, pueden buscar el primer episodio del podcast que conduzco junto a Claudio Martínez, *Masaje Cerebral*, «Microbioma: *No fui yo, fueron mis bacterias. Sobre cómo las comunidades de microorganismos que nos habitan influyen en todo, desde nuestra supervivencia diaria hasta la atracción sexual. Y sí, también en nuestros pensamientos, emociones y salud mental*». Disponible en su plataforma de confianza: https://open.spotify.com/episode/24zPbs2fahBC-zwAzcLfEUx?si=0169986a78f849bf.

La prodigiosa autofecundación de las tenias

[1] La cita textual del libro es: «*You take your material where you find it, which is in your life, at the intersection of past and present. The memory-traffic feeds into a rotary up on your head, where it goes in circles for a while, then pretty soon imagination flows in and the traffic merges and shoots off down a thousand different streets. As a writer, all you can do is pick a street and go for the ride, putting things down as they come at you. That's the real obsession. All those stories. Not bloody stories, necessarily. Happy stories, too, and even a few peace stories*». Tim O'Brien, *The Things They Carried*, 1990, tomado de la edición de Mariner Books, Boston, 2009, p. 33.

[2] Para consultar de manera más detenida las mieles del sexzoo y descubrir algunos de los modos de reproducción más insospechados del reino animal, se recomienda empezar por: «Kamazootra, pequeña guía de la vasta diversidad sexual que impera en la floresta», que publiqué en la *Revista de la Universidad de México*, en la sección «Dossier» del número dedicado al sexo, julio de 2020, disponible en versión impresa y en línea: https://www.revistadelauniversidad.mx/articles/4ab0209c-92e1-40be-8bf3-7d085ba1bf3b/kamazootra-pequena-guia-de-la-vasta-diversidad-sexual-que-impera-en-la-floresta.

[3] Para esas mentes inquietas que no puedan descansar hasta saber más de este colosal organismo, se recomienda ver alguno de los siguientes textos, el primero en vena académica y el segundo más divulgativo: Jacobsson, E., Andersson, H. S., Strand, M. *et al.* «Peptide ion channel toxins from the bootlace worm, the longest animal on Earth». *Sci Rep*, 8, 4596 (2018): https://doi.org/10.1038/s41598-018-22305-w; «Bootlace Worm: Earth's Longest Animal Produces Powerful Toxin», *SCI News*, 27 de marzo de 2018: https://www.sci.news/biology/bootlace-worm-toxin-05852.html.

[4] Por favor, no deje de buscar esquemas de este ciclo de vida en la red, sin duda ayudarán a que el proceso quede más claro. Hay muchos, de calidades artísticas y didácticas distintas, seguro encuentra uno que se ajuste a sus preferencias. Simplemente teclee «tenia» en su navegador y vaya al apartado de imágenes. No se arrepentirá, recuerde que, aunque lo ignore, bien podría estar cargando una solitaria en sus tripas en este preciso momento. De hecho, la podría estar albergando en su intestino desde hace años sin notarlo.

[5] Durante las primeras décadas del siglo XX, la dieta de la solitaria se fraguó como un método popular para bajar de peso, al grado de que fueron desarrolladas píldoras con huevos del parásito para ocasionar una parasitosis voluntaria. «Normalmente se ingerían huevos de lombriz solitaria, a menudo en píldoras. La teoría era que las lombrices llegarían a la madurez en los intestinos y absorberían la

comida. Esto causaría pérdida de peso, diarrea y vómitos», declara la entrada concerniente a las dietas más extremas de la historia según la BBC: «Las dietas más extrañas de la historia» de Denise Winterman, *BBC News Mundo*, 3 de enero de 2013, https://www.bbc.com/mundo/noticias/2013/01/130102_curiosidades_dietas_historicas_raras_irm. También vale la pena ver el Prezi relacionado preparado por Brenda Rojas en 2015 «La dieta del parásito»: https://prezi.com/d5s8wwkn80ld/la-dieta-del-parasito/.

Coda nocturna

[1] Para los que sintieron nostalgia y también para los que no tengan idea de qué estoy hablando, aquí pueden ver uno de tales anuncios, joyas de la publicidad mexicana: «2006 Comercial Vermox» www.youtube.com/watch?v=Qi8Kn_vRIZA.

ÍNDICE